名書旧蹟

田坂憲二

川端康成集
第一巻
川端康成集
第一巻
川端康成集

女性開眼
川端康成
女性開眼

21
クリーン版 日本文学全集
伊豆の踊子
雪国・山の音 他
川端康成

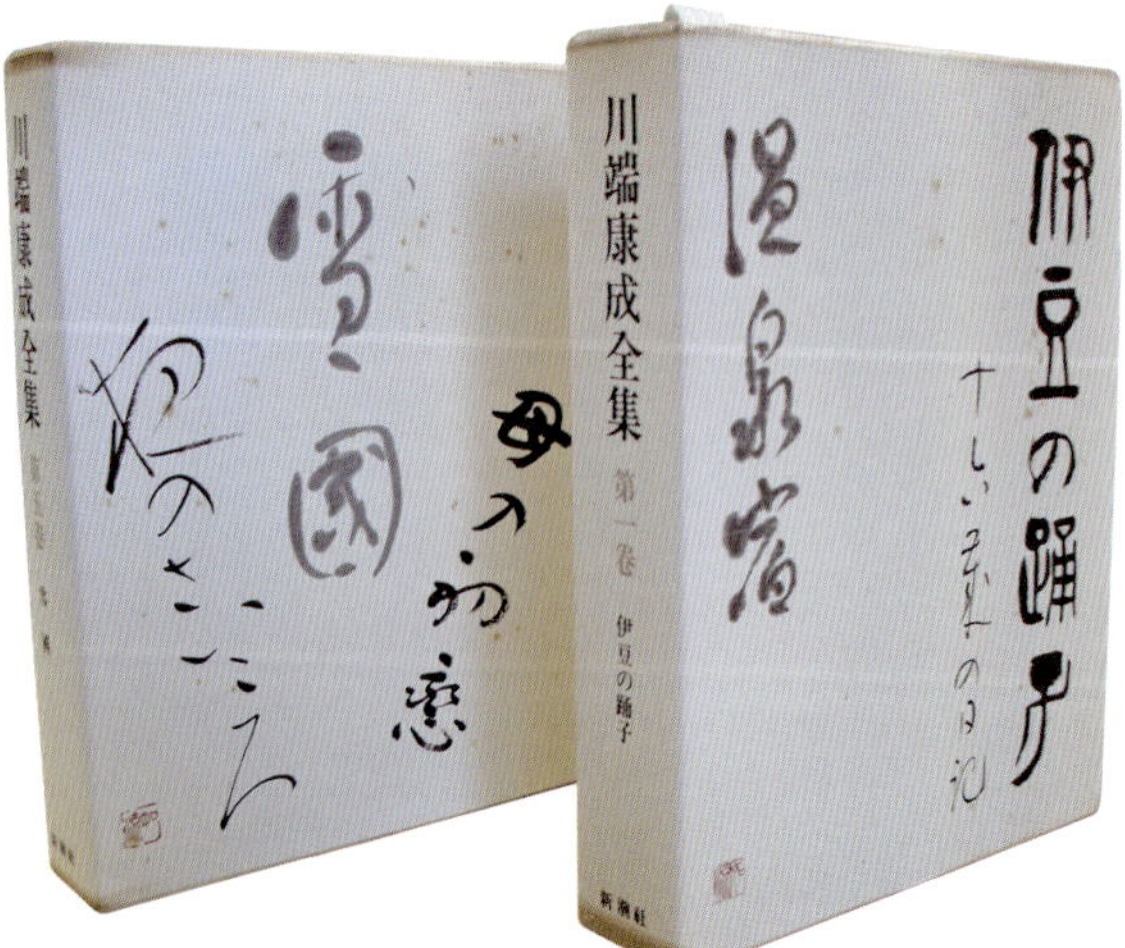
川端康成全集
雪国
川端康成全集 第一巻
伊豆の踊子
新潮社
温泉宿
伊豆の踊子
十七歳の日記

川端康成
自選集
川端康成自選集
川端康成
自選集

川端康成自選集
川端康成自選集

角川文庫
夢淡き青春
《グレート・ギャツビィ》
フィッツジェラルド
大貫三郎訳
夢淡き青
《グレート・ギャツビィ》
角川文
夢淡き青春
フィッツジェラルド・大貫三郎訳
角川文庫
夢淡き青春
《グレート・ギャツビィ》
フィッツジェラルド
大貫三郎訳
角川文庫

雨の朝パリに死す
フィッツジェラルド　飯島淳秀訳
角川文庫
雨の朝パリに死す
フィッツジェラルド・飯島淳秀訳
角川文庫
'96夏の名作100フェア実施中
いつだってそばにいる。

新潮文庫
グレート・ギャツビー
フィツジェラルド
野崎　孝訳
華麗なる
ギャツビー
フィッツジェラルド
野崎孝訳
新潮文庫

華麗なる
ギャツビー
フィッツジェラルド
野崎孝訳
グレート・
ギャツビー
フィッツジェラルド
野崎孝訳
THE GREAT GATSBY
グレート・ギャツビー
フィツジェラルド
野崎　孝 訳
新潮文庫

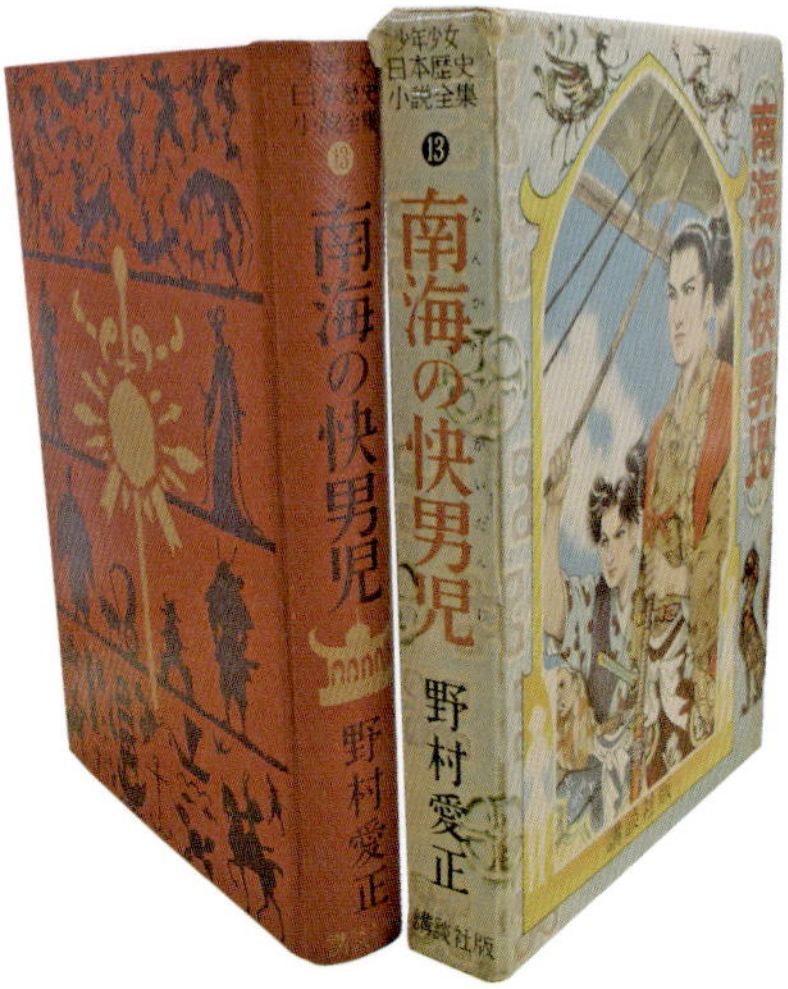
少年少女
日本歴史
小説全集
⑬
南海の快男児
野村愛正
講談社版
南海の快男児
講談社版

少年少女
日本歴史
小説全集
⑪
千早城の旗風
太田黒克彦
講談社版
千早城の旗風
講談社版

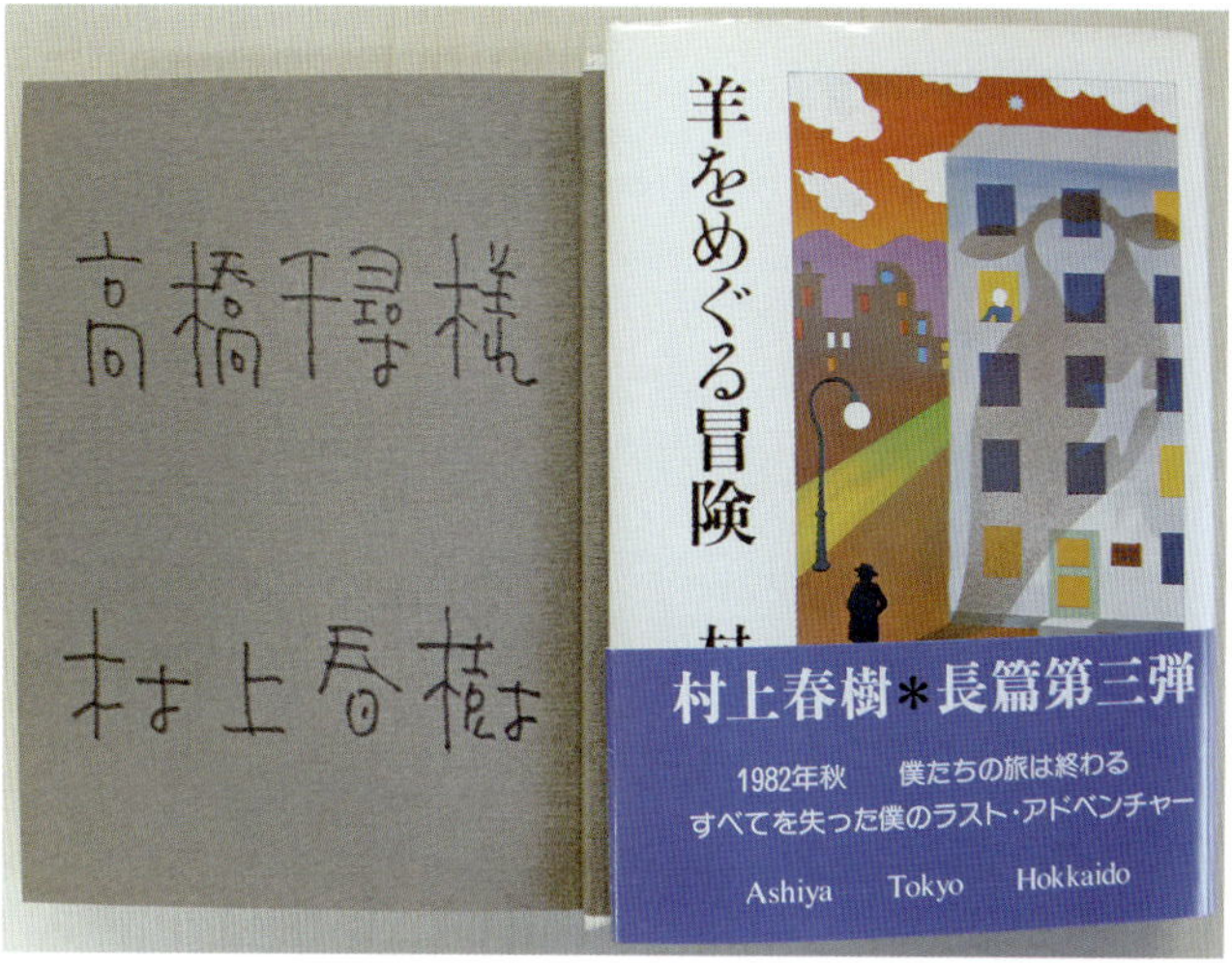
高橋千尋様
村上春樹
羊をめぐる冒険
村上春樹＊長篇第三弾
1982年秋　僕たちの旅は終わる
すべてを失った僕のラスト・アドベンチャー
Ashiya　Tokyo　Hokkaido

木場勝己
鳥山昌克
海辺のカフカ

水の女
中上健次
装幀＝菊地信義
とある「著者50人の本」展
2014年
5月31日(土)
7月27日(日)
神奈川近代文学館

名書旧蹟　目次

口絵解説
1、改造社『川端康成集』（本文2P）、創元社『女性開眼』（本文3p）
2、グリーン版『日本文学全集』（本文8p）、『川端康成全集』松井如流の筆蹟（本文13p）
3、限定版『川端康成自選集』、ノーベル文学賞版『川端康成自選集』（本文11p）
4、角川文庫フィッツジェラルド作品（本文101p）
5、新潮文庫フィッツジェラルド作品（本文107p）
6、『少年少女文学日本歴史小説全集』（本文77p）
7、署名本『羊をめぐる冒険』（本文170p）、2012年・2014年蜷川版『海辺のカフカ』（本文168p）
8、菊地信義とある「著者50人の本」展　図録とチケット（本文180p）

第一部

一　川端康成本の装丁、そのほか

川端康成の書籍の装丁ということになれば、戦前のものだけでも、金星堂版の『感情装飾』や『伊豆の踊子』、創元社版の『雪国』、限定本出版の江川書房からは『伊豆の踊子』、同じく野田書房の『禽獣』など、枚挙にいとまがない。「敗戦後の限定本の走り」（『筑摩書房の三十年』）といわれた小林古径装丁の『千羽鶴』は筑摩書房を建て直す原動力になったほどであるし、最晩年のものでは、牧羊社版の豪華本の岡鹿之助装丁装画の『雪国』（川端自身が冒頭の部分を自筆で記したもの）や、東山魁夷の肉筆の光悦垣が囲繞する『古都』など名品の目白押しである。これらのものについては、すでに多くの愛書家によって語られているため、本稿では多少視点を変えて、発行部数が多い全集ものの中から興味深い装丁のものを取り上げて、そこから話題を連想的に繋いでみた。それだけでは面白味に欠けるので、「二」というキー・ワードを設定してみた。

一、二人の組み合わせ、芹澤と林、林と川端

川端康成は生前、選集を二回、全集を三回刊行している。全集の場合でも大長編『東京の人』や『女であること』など、川端自身があえて除外した作品も多いから、実質的にはすべてが、自身の眼鏡に適った選集であるともいえようか。

その選集の中で、最初に刊行された戦前の改造社版（一九三八、三九年）は、芹澤銈介装丁の限定一六〇部の特製愛蔵版と、林芙美子装丁の普及版とがある。愛蔵版の方は、川端康成の署名入りであるから、現在でも極めて人気の高いものであるが、普及版の方も落ち着いた装丁で、こちらにも捨てがたい魅力がある。芹澤銈介装丁の川端本は名品『雪国』（創元社）や『正月三ヶ日』（新聲閣）など多数あるが、本稿のテーマに即するものとしては『川端康成集』第一巻（一九三四年一〇月）を挙げておきたい。選集に先立つこと四年、同じ改造社から出版されたもので、第一巻のみで以降は未完に終わった。赤を基調とした外函と青を基調とした表紙の対照も見事で、六ツ半桝形本に近い独特の判型も味わい深いものである。題簽は菅虎雄である。何よりも「『伊豆の踊子』の装幀その他」の一文

が収められているのが、この本にふさわしく嬉しいものである。

さて、芹澤銈介と林芙美子の二人が同一の川端本の装丁に関わった例は他にもある。『女性開眼』がそれで、戦前の創元社版（四六判上製、本文七三九ページ、一九三七年一二月）が芹澤銈介の装丁、戦後の永晃社版（A五判並製、本文一六九ページ、一九四七年七月）が林芙美子装丁である。ページ数から明らかなように永晃社版は抄出版である。猶、永晃社版『女性開眼』には、同じ判型、同じページ数の異装版が四九年四月に刊行、こちらは装丁が牛窪忠であるので、注意を要する。林芙美子による川端本の装丁は他にも『文章』（東峰書房、一九四二年四月）などがあり、逆に芙美子の著作を川端康成が装丁したものには『うき草』（丹頂書房、一九四六年一二月）がある。

一九五一年林芙美子は急逝し、朝日新聞連載中の『めし』は絶筆になった。「葬式の名人」川端康成は葬儀で弔辞を読むと共に、「林芙美子『めし』のあとがき」「『めし』の映画化」などの文章を認めている。成瀬巳喜男の復活を印象づけた映画『めし』では、タイトルの後「製作　藤本真澄」「原作　林芙美子」に続いて「監修　川端康成」の名前がスクリーンに映った。

そのころ新潮社から全一六巻の『川端康成全集』が刊行中であった。これは各巻異なる安田靫彦の装画が表紙を飾る贅沢なもので、後に安田の原画は画帖としてまとめられ川端の所蔵するところとなったが、一九七六年の安田靫彦展（東京国立近代美術館）に出陳され、同年『川端康成全集装画帖』として中央公論美術出版から刊行されることとなる。『川端康成全集』最終回配本第一六巻（五九年四月）には「林芙美子さんの手紙」が収録され、芙美子の夫の緑敏に謹呈された本が今日伝わっている。

二、二人の踊子の腰巻

野暮な説明だが「踊子」とは「伊豆の踊子」のこと、「腰巻」というのは、言うまでもなく本に掛けられた帯のことである。帯は厳密には装丁そのものではないかもしれないが、刊行当時の時代の空気を最も顕著に反映しているものでもある。

『伊豆の踊子』は、川端康成の存命中だけでも、田中絹代・美空ひばり・鰐淵晴子・吉永小百合・内藤洋子などの踊子で繰り返し映画化されているから、川端はあの独特の眼差しでこれらの踊子を凝視したであろう。前節で述べた『川端康成集』第一巻には、「伊豆の踊子映画化に際し」という一文も収載されている。これは言うまでもなく、一九三三年の五所平之助監督田中絹代主演の松竹映画に関するもの。時は流れ、映画と文学全集が最後の光芒を放っていた六〇年代には、『伊豆の踊子』は三度も映画化されており、二人の

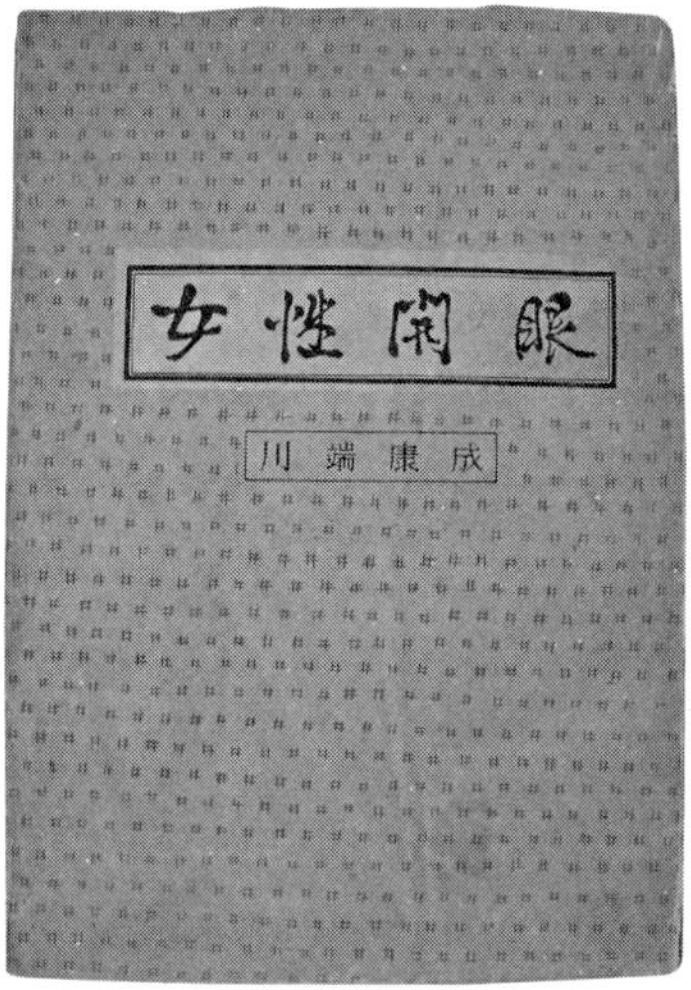
女性開眼
川端康成

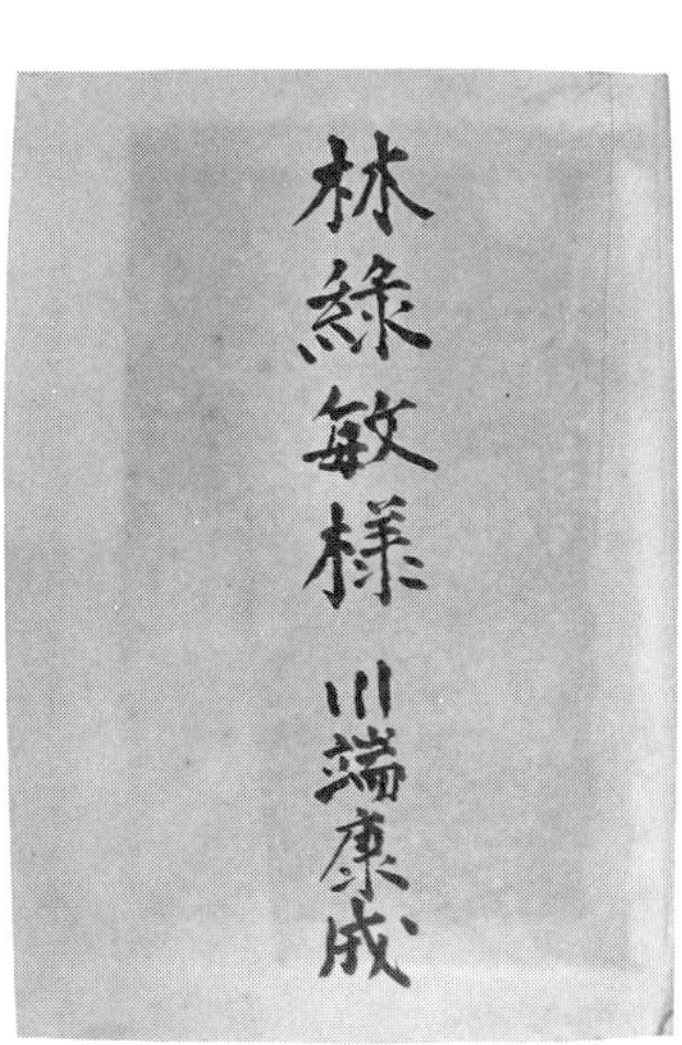
林緑敏様
川端康成

踊子が文学全集の『川端康成集』の帯を彩っている。

まず、河出書房『現代の文学』第八巻『川端康成集』（第三回配本、一九六三年七月）の帯には、同年公開の西川克己監督の日活映画の一場面が使用されている。写真自体は太鼓を背負った踊子（吉永小百合）と一高生（高橋英樹）が並んで立っている遠景であり、第二回配本『五味川純平集』の月報でも、次回配本の案内に使用されていたものである。『現代の文学』のシリーズは映画の場面を帯に多用し、『有吉佐和子集』では『香華』の岡田茉莉子、『有馬頼義集』では『四万人の目撃者』の佐田啓二、『今東光集』では『悪名』の勝新太郎のアップなども使用しているが、遠景を使用している川端の冊の帯はやや地味にまとめていると言えようか（さわやかにまとめたという点では『堀辰雄集』の『風立ちぬ』の池部良・久我美子の帯の構図に近い）。その代わりでもなかろうが、吉永は月報に「川端先生と私」の一文を寄せ、対談中の二人の写真も掲載されている。因みに、四節で述べる限定版の方の『川端康成自選集』でも、口絵写真に、伊豆の踊子の文学碑除幕式で吉永小百合に話しかけている一枚が使用されている。猶『現代の文学』の装丁は原弘、『川端康成集』の挿画は東山魁夷であった。

次いで、一九六八年四月刊行の、グリーン版『日本文学全集』第二〇巻『川端康成集』（第一四回配本、グリーン版は原弘の装丁の代表作として良く知られたもの）の帯には、前年公開の恩地日出夫監督の東宝版で踊子を務めた内藤洋子の写真が大きくあしらわれている。今回は、月報などに対談はないが、その代わり、河出書房の方が、内藤踊子（「ようこ」「おどりこ」と二様に読んで頂きたい、洒落のつもりである）を大いに利用した。このころ河出書房は毎月「河出新刊ニュース」という八ページ程度の挟み込み広告を作製していた。人気女優などのカラー写真を表紙に使い、挟み込む書籍の大きさによってB六判やA六判のチラシを使い分けていた。ポケット版の『女の一生』を読む岩下志麻、単行本『石狩平野』を携える佐久間良子、『世界の歴史』を持つ松原智恵子、『世界の旅』を開いている山本リンダなど、手に持たせた本と女優たちの個性を巧みに組み合わせた構図であった。そして『川端康成集』に挿入された「河出新刊ニュース」四月号の表紙を飾ったのが、どことなく文学少女っぽい、カレッジ版の『ジェイン・エア』を手にしている内藤洋子である。この時は新刊ニュースの号外（河出の本を三冊買うとシェーファー万年筆があたる「必読書セール」の宣伝など）にも内藤を起用しているから、グリーン版の『川端康成集』は内藤洋子一色に塗りつぶされた観があった。

このように六〇年代を代表する二人の踊子の帯によって、河出書房の二つの『川端康成集』は彩られているのである。

三、右か左か二人の川端

グリーン版の『川端康成集』の帯の反対側には、本冊についての一二〇字程度の宣伝文と、既刊一〇冊の案内と、三センチ四方くらいの川端の写真が載っている。恐らく肘をついてであろうが、額に深く右手を当てて顔を右に傾けて、口を強く結んでいる顔写真である。帯の写真は小さくて分かりにくいが、いわゆる逆版で左右反転させたものなのである。よく注意すれば、本来は口の左上にあるほくろが右になっているのが確認できる。実は、この写真と完全に同じ構図で、左右も正しく本来の形であるものが、このグリーン版の『川端康成集』の口絵のカラー写真として使用されているのである。口絵写真では、額に当てられた手は左手、ほくろも左側、顔も左に傾けている。これが本来のものである。つまり同じ写真の正版を口絵写真に、逆版を帯に使用しているのである。その理由は後述するが、ここで多少気になるのは、口絵写真のキャプションに「昭和四〇年一〇月　三木淳撮影」とあることで、グリーン版の『川端康成集』より二年半も前に撮影されたものである。現役作家の場合、刊行年月に近いものを使用するのが一般的であろう。

実は、グリーン版の口絵写真とそっくりの構図のものが、これに先だって、同じ河出書房の豪華版『日本文学全集』第一集第一八巻『川端康成集』(『雪国』『千羽鶴』『伊豆の踊子』など収載、挿絵は順に木村荘八・森田元子・加山又造、六六年一月、全集の装丁は亀倉雄策)の口絵写真として使われているのである。そこには「著者近影・三木淳撮影」とあり、三か月前の一九六五年一〇月に撮影されたものであるから、この時点では正に「著者近影」であった。ただし、豪華版第一集のものは、グリーン版のものと比較すると、眼差しなどが微妙に異なるから、三木淳が撮影した一連の写真の中の別の一枚なのであろう。三木淳撮影のこれらの写真は川端自身も気に入っていたのか、同じ構図が、豪華版第一集の一年半後に刊行されたカラー版『日本文学全集』第二二巻『川端康成集』(『千羽鶴』『雪国』など収載、挿画は順に高山辰雄・森田沙伊、六七年七月、全集の装丁は今回も亀倉雄策)のしおり(挟み込みの簡略な月報のようなもの)の巻頭にも使用されている。こちらは写真から書き起こした絵である。そして六八年四月のグリーン版でも、三木の写真が使用されることになるのである。さらに面白いのは、グリーン版から半年後に出版された、豪華版『日本文学全集』第二集一四巻『川端康成集2』(『女であること』など収載、この巻の挿絵は加山又造、六八年九月)の帯では、グリーン版の帯の逆版の写真がそのまま使用されているのである。この本では、正版の写真は使用されないから、逆版のみを使うのには当然理由がなければならない。そこで、グリーン版・豪華版第二集の帯を改めて見てみると、どちらも帯の右側に川端の写真をあしらうから、本来の左に顔を傾けるものでは構図が不安定になるのである。そこであえて逆版を使用したものと思われる。逆版は、いわば鏡に映しだした虚像であるが、口を真一文字に結んだこの作家の虚実皮膜の内奥を象徴しているようでもあり、なかなか面白い写像であるといえよう。

四、二つの『川端康成自選集』

一九六四年から六八年にかけて集英社から一三冊の自選集シリーズが刊行されている（一九七八年の『井伏鱒二自選集』だけは刊行時期が乖離し装丁も異なるので、ここでは除いている）。川端康成・志賀直哉・武者小路実篤・谷崎潤一郎などの文豪・大家に自作を選んで貰い、原則一〇〇〇部（志賀のみ四三〇部）の限定出版であった。伊藤憲治の重厚かつ豪華な装丁という形態の美と、作家がどのような作品を自選するのかという内容の興味で購読者を魅了したが、何よりも文豪の自筆署名入りが人気の最大の理由であった。現在でも美本であれば三島や川端の冊は一〇万円近い古書価が付いている。六〇年代後半で二八〇〇円（志賀のみ三八〇〇円）という、高額ながら何とか手の届く価格設定と、一〇〇〇部という部数の多さから、一般の愛書家も入手可能な特製版といったところだろうか。表紙は同一デザインで数種類の色変わりであるが、『川端康成自選集』（一九六六年四月）は、源氏鶏太や舟橋聖一の冊と同色で、落ち着いた藍色地であった。所収作品は『伊豆の踊子』『雪国』『千羽鶴』『山の音』など代表的な作品がすべて収録されている。このシリーズは、全冊ほぼ四〇〇ページの統一形態であるため、谷崎潤一郎『細雪』、石坂洋次郎『若い人』、山本有三『真実一路』などの代表作は長編ゆえに収載されなかったから、中編中心の川端にとっては恵まれた企画であったといえよう。

ところで、限定本の自選集に選ばれた一三人の作家のうち、川端康成だけは、同じ出版社から同一書名で、しかも装丁の全く異なる本をもう一冊刊行している。すなわち、集英社刊行の『川端康成自選集』には二種類があるのである。これは、一九六八年に川端康成がノーベル文学賞を受賞した際に、スウェーデンでの授賞式に持参する受賞記念本として作製され、のちに市販（六八年一一月刊行）されたものである。限定版の自選集を骨格とし、これにドナルド・キーンやサイデンステッカーの解説が追加された。口絵写真は二節で述べた「伊豆湯ヶ野温泉の『伊豆の踊子』文学碑除幕式」のものから、受賞発表当日のものに差し替えられている。装丁は、自選集シリーズとはがらりと変え、表紙は人間国宝中村勇二郎の伊勢型小紋、題字は宮田遊記、装丁装画は東山魁夷という豪華な顔ぶれであった。遊記山人宮田武義が題簽を揮毫した書影は、『白寿遊記山人の書』（慈航観音会、二〇〇二年）二九九ページ以下に収録されているが、その劈頭に『川端康成自選集』が掲げられている。外函に使用された竹林の装画を川端は大変気に入り、その原画を東山魁夷に無心している（『川端康成と東山魁夷　響きあう美の世界』求龍堂、二〇〇六年九月）。このように装丁・造本は美しかったが、限定版ではなく、川端康成の署名もないために、こちらは今日でも古書店などで比較的簡単に入手できる。刊行年も近く、出版社名、書名、それに二八〇〇円という発売時定価まで！完全に一致するので、よく混同されやすいものである。

五、二つの『川端康成全集』

混同されやすいといえば、六〇年代に刊行された二つの『川端康成全集』がある。一節で述べた安田靫彦装丁の全集の後、一九五〇年代に出版された、小振りで愛玩したくなるような、町春草装丁の『川端康成選集』（全一〇冊）を挟んで、一九五九年から六二年にかけてA五判の全一二冊の大ぶりな『川端康成全集』が刊行された。次いで、川端のノーベル文学賞受賞を受けて、一九六九年から再度全集が企画された。前回の全集から七年という短期間で、同じ作家の別企画の全集が同じ出版社から刊行される背景にはこのような事情があった。

一九六九年からの全集は、六二年に完結したA五判の全集の天地を多少切りつめた大きさのものである。今回の全集の装丁上の特徴は、何といっても、書家の松井如流がその冊の所収作品名を、墨の濃淡、筆の肥瘦を巧みに取り混ぜながら、様々な書体を駆使して揮毫したカバーが函に掛けられている点である。上述の五〇年代の選集も町春草の筆跡が函を彩ったから、今回は松井如流の書をデザインとしたのである。松井自身も気に入った出来映えであったのだろう、後年の『松井如流作品集成』(講談社、一九八三年)には、第一巻、一三巻などのカバーの筆跡を収載している。この六八年からの全集は、当初は全一四巻の計画で公表され、逐次配本されていたが、七〇年四月の第一三巻刊行時点であと一巻が追加され、全一五巻に修正された(第一三巻にその旨のチラシが挿入されている)。ところが、七〇年一〇月の第一四巻刊行後、追加の第一五巻の刊行に手間取っているうちに、七二年の川端の自死となり、計画自体の再度の見直しを迫られた。最終的には我々が知っている全一九巻の形になるのだが、結局第一五巻が配本されたのは一四巻刊行の三年後の七三年九月のことであった。このような配本の遅れと、当初の内容見本には一四巻と記されていたことから、一四冊までしか所蔵していない図書館や、一四冊をセットとして販売している古書店などもある。さらに所収作品や配列は、六二年に完結した全集と一二巻までの骨格が酷似（完全一致ではない）していることから、六二年完結の全集と、六九年から配本が開始された全集が混同されて、ＮＩＩ（国立情報学研究所）のＮＡＣＳＩＳ ＷＥＢＣＡＴ（全国の大学図書館や研究所が所蔵する図書・雑誌の総合目録データベース）では、一九五九年から七〇年にかけて刊行された『川端康成全集』全一四冊という書誌が出来上がってしまっている。五九年から六二年までで完結した全一二巻の全集プラス、六九年からの全集のうち七〇年に刊行された一三巻、一四巻で、合計一四冊の、いわば取り合わせ本の全集が、書誌の上で仮構されたのである。事情が分かれば、架空の全集として、面白い現象と笑ってすませることができるが、電子データがどんなに便利になっても、やはり本は手にとってみなければ危険であるという勉強になろう。手に取ることによって、初めて本の質感や量感を体感でき、装丁も含めた本の美しさや、帯を含めた刊行当時の空気も実感できるのである。

（追記）ＮＡＣＳＩＳ ＷＥＢＣＡＴは、今日ではＣｉＮｉｉ Ｂｏｏｋｓと形を変えている。電子データの上では、架空の一四巻の『川端康成全集』は健在！である。一九五九年～六二年刊行の一四冊で表示されている。

二　小津本紳士録（一）

日本映画界に至宝の作品群を残した小津安二郎は、その作品のみならず、人柄をも含めて畏敬の念をもって語られる。そのため、小津の映画や人生を辿った、通称「小津本」と呼ばれる書物が今日まで刊行され続けている。筆者も勤務先の大学の図書館で、小津生誕百年の年に、小津本の一部を展示して解説を書いたことがある（『大学図書館の挑戦』和泉書院、二〇〇六年）。そこでは三〇冊以上の小津本を展示したが、今回は大学所蔵のものではなく、著述者の署名やサインのあるものを中心に選んでみた。名付けて「小津本紳士録」という。

この表題は、言うまでもなく小津の戦後の第一作「長屋紳士録」に拠ったものであるが、文字面としてはもう一つ、笠智衆著の『大船日記』第三章の章題に用いられた「小津組紳士録」に近いものがある。「小津本」を「オヅ（ズ）ボーン」とカタカナで書けば、「怒り」ではなく誇りをこめてふりかえれ、ということにもなろうか。本稿掲載誌『本の手帳』の刊行は一二月の予定、小津が生まれ、亡くなった月に活字になるのを縁に、誇りを持って小津と小津本の数々を振り返ってみたい。

（一）笠智衆『大船日記　小津安二郎先生の思い出』（扶桑社、二〇〇一年六月）

まず、本稿の書名の淵源でもある、当該書から始めよう。日本経済新聞の「私の履歴書」は長く続いている名物コーナーであるが、笠の連載も好評で、後に一冊にまとめられ同じ日本経済新聞社から刊行されたのが一九八七年の『俳優になろうか』である。単行本で新しい読者も獲得したので、更に第二冊をと慫慂されて書かれたものが本書である。前著同様に、笠の人柄そのままの穏やかな語り口が魅力の書物である。

カバーや扉に使用されている題字も笠自身の書いたものであるが、写真の下の自署も含めて、飾らないそれでいて深い味のある筆跡である。

（二）井上和男『陽のあたる家　小津安二郎とともに』（フィルムアート社、一九九三年一〇月）

「蛮」の愛称で小津に可愛がられ、小津への敬愛に溢れた最高の小津本である『小津安二郎・人と仕事』（蛮友社、一九七二年）の刊行に尽力した井上は、小津生誕八〇年に合

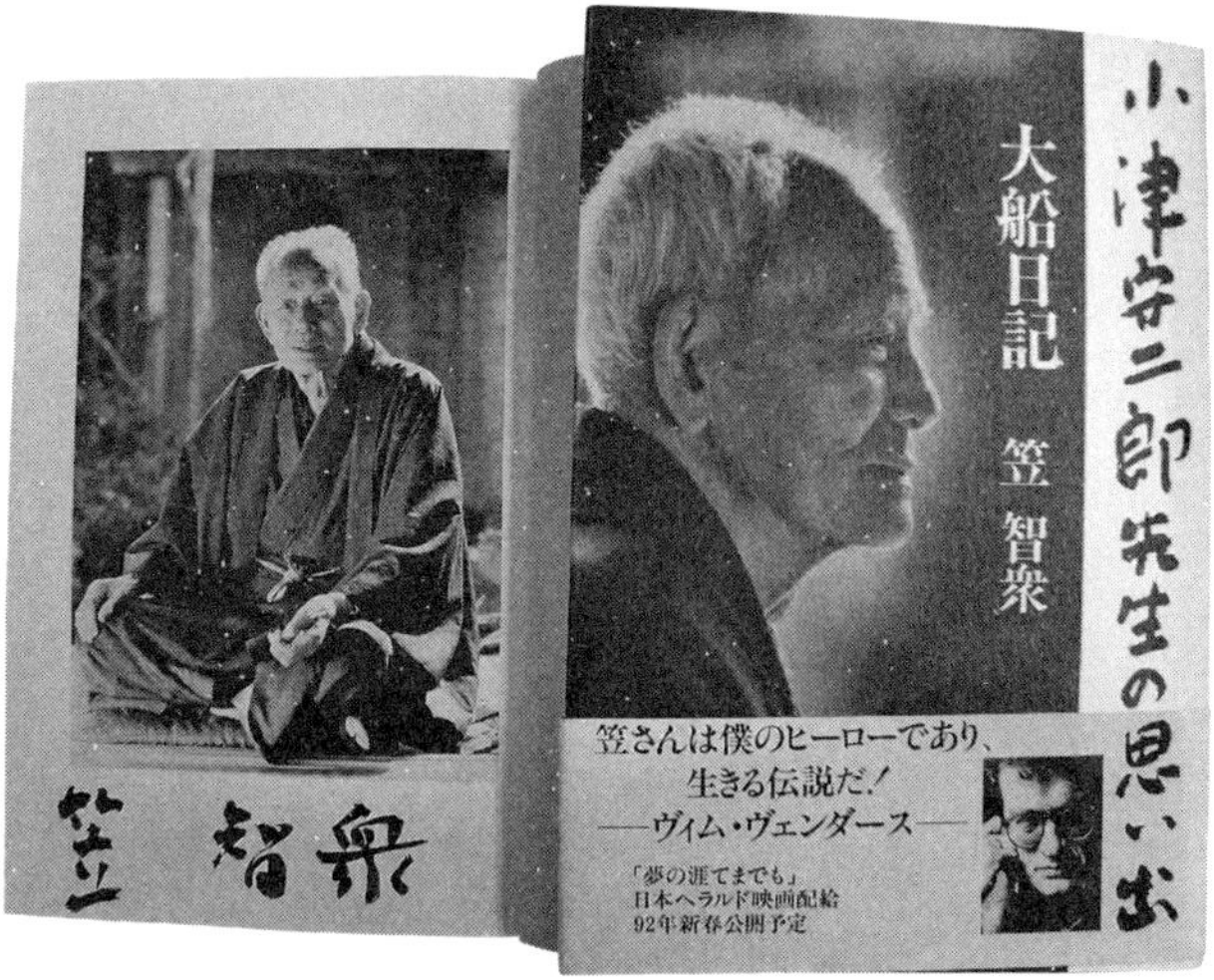
笠 智衆
大船日記
笠 智衆
小津安二郎先生の思い出
笠さんは僕のヒーローであり、
生きる伝説だ！
――ヴィム・ヴェンダース――
「夢の涯てまでも」
日本ヘラルド映画配給
92年新春公開予定

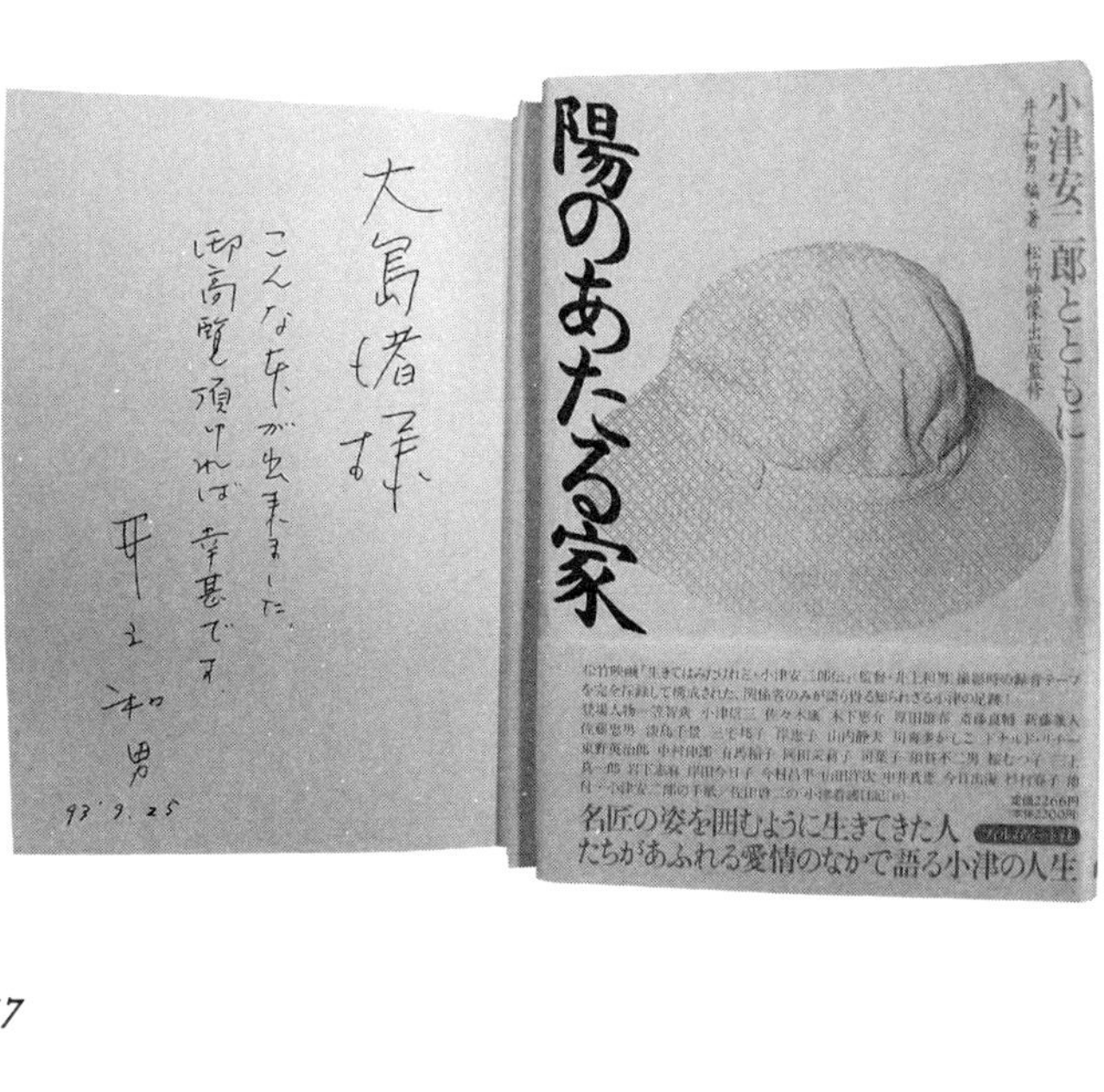
大島渚様
こんな本が出来ました
御高覧頂ければ幸甚です
井上和男
93.9.25
陽のあたる家
小津安二郎とともに
井上和男編・著
名匠の姿を囲むように生きてきた人
たちがあふれる愛情のなかで語る小津の人生

わせて映画『生きてはみたけれど・小津安二郎伝』を撮るが、十年後、その時のインタビューを一冊にまとめたのが本書である。全四冊の『小津安二郎作品集』(立風書房)と共に生誕九〇年の何よりの贈り物であった。帯に「名匠の姿を囲むように生きてきた人たちがあふれる愛情のなかで語る小津の人生」と記されるが、正に小津の生きていた空気が伝わってくる好著である。持ち主のいない小津のピケ帽をあしらったカバーも無言のうちに多くを語っている。野球大会でアキレス腱断裂の負傷を負った小津安二郎の巨体を背負った偉丈夫の井上が「それにしても……北鎌倉へ戻られた小津先生のご遺体は、ひどく軽かった」と記す序文で始まる。二〇年前の『人と仕事』では、黒衣に徹した井上の思いがほとばしる一文でもある。

献呈先の大島渚は一九五四年松竹入社、松竹ヌーヴェルヴァーグの代表格として、旧来の松竹映画や日本映画の枠を破壊した。大島はその文章も発言も声高に語るイメージが強いが、著書の『体験的戦後映像論』(朝日選書、一九七五年)の冒頭近く「廃墟のなかで」で密かに語られる小津への畏敬の念はずっしりと重いものがある。

(三) 吉田喜重『小津安二郎の反映画』(岩波書店、一九九八年五月)

大島と並んで、松竹ヌーヴェルヴァーグの鬼才であった吉田喜重の秀抜な小津論である。

吉田と小津の因縁と言えば、数多くの小津本に引用され、ほとんど伝説の域に達している、一九六三年正月の松竹大船監督会の新年宴会の逸話であるが、当然その話から語り出される。その逸話を含む、序文に当たる「忘れがたい二度の思い出」を読むと、小津が吉田に投げかけたもの、それを受け取る側の緊張が伝わってくるようだ。小津映画に沈潜し、丁寧に、かつ敬意をもって小津映画を腑分けする本書は、映像実作者の小津論として屈指のものである。吉田は、テレビなどで小津映画の語り部として登場することも多いが、それもむべなるかな、人が人を批評するためには、対象に対する鋭い切り込みと敬意が必要なのである。署名は吉田と、夫人であり父娘二代にわたって小津映画と関わった岡田茉莉子のもの。二人の署名の競演は『国際シンポジウム　小津安二郎　生誕一〇〇年「OZU二〇〇三」の記録』（朝日選書、二〇〇四年）などにも見られる。

（四）山内静夫『松竹大船撮影所覚え書　小津安二郎監督との日々』（かまくら春秋社、二〇〇三年六月）

志賀直哉と共に、小津が敬愛した里見弴の子息の山内静夫は、『早春』以降小津作品のプロデュースを担当した。小津映画の晩年を支えた人物の一人で、前述した『人と仕事』の刊行会の代表もつとめた。「覚え書」とあるように、本書は山内の私的回想が中心を占めるが、日本映画、松竹、小津に対する愛情に溢れ、心温まる書物である。「人は、人なしには人生を生きられない」（Ⅱ小津安二郎監督との日々「生きるということ」より）は本書の本質を一言で表した至言、白樺派の血でもあろうか。表紙や扉を飾るささめやゆきの装画は、著者の映画に寄せる愛情と相まってほほえましいものがある。

（五）三上真一郎『巨匠とチンピラ　小津安二郎との日々』（文藝春秋、二〇〇一年四月）

井上和男監督の『ハイティーン』の打ち上げで小津と出会い、「蛮にそっくりだなあ」と可愛がられ、山内プロデューサーから『秋日和』の台本を渡され、最晩年の小津組入りをしたのが三上真一郎である。本書のカバー袖には「小津的世界から東映やくざ路線まで幅広く粘る還暦役者」とある。三上は一九四〇年生まれだから、本書の刊行に先だって還暦を迎えている。小津組の若手であった三上真一郎も小津の年齢を超えたのであるが、小津の晩年を最も良く知る語り部の一人として、飯高オーヅ会などの要請に快く応じている。「巨匠とチンピラ」というタイトルは韜晦した味わいがあるが、チンピラの自称の中にある素直な人間性が晩年の小津に可愛がられたのであろう。語られるように展開する文章は軽妙で、実によいテンポで進む。文から文へのつながりが巧みで、思わずニヤリとさせられながら、読みふけってしまう。小津は、こういった文才（語りの才能か）も見抜いていたのだろうか。

型にはまらない筆跡も味があり、南伸坊のカバーの絵との相性もぴったりである。カバーをはずして、「巨匠」と「チンピラ」が背表紙の書名を挟んで対峙するデザインも味わいたいもの。

(六)『筑紫哲也の小津（オズ）の魔法使い』(世界文化社、一九九九年七月)

誰もが思いつきやすい気の利いた洒落た文章や、名文句というものがあるが、本書のタイトルとなっている「オズの魔法使い」などはその最たるものであろう。実は、この名称は三上前掲書でも使用されている。そちらでは、「小津」の仮名遣いに忠実に「オヅの魔法使い」であった。こちらは「オズ」で、ジュディ・ガーランドの「オズの魔法使い」と仮名遣いを合わせたのだろうか。かつてプロ野球阪神球団の小津正次郎社長も「オヅの魔法使い」と呼ばれたこともあったから、三上・筑紫のどちらに優先権があるというわけでもないだろう。次項の蓮實重彦が尽力した東京大学総合図書館のデジタル小津安二郎展を見る筑紫の姿から始まるが、それに続く著者と小津安二郎との架空対談が面白い。

署名は金のサインペン、「哲」の落款入り。

（七）蓮實重彦『監督小津安二郎』（筑摩書房、一九八三年三月）

リュミエール叢書の劈頭を飾った『小津安二郎物語』（筑摩書房、一九八九年六月、厚田雄春との共著）から、博物館図録の域を超越した『デジタル小津安二郎』（東京大学総合研究博物館、一九九八年）まで、蓮實重彦の小津本は無数にあるが、一冊を選ぶとすればやはり本書になろう。

掲出書の初版は発行者の名前が布川角左衛門とあり、筑摩書房の再建時代の出版。この時期こうした良書の刊行を可能にしたのは、この出版社の底力を感じさせる。ただ増補決定版には明記される装丁者の中島かほるの名前が初版奥付には見えない。初版から約一〇年後にちくま学芸文庫で再刊（一九九二年）、更に一〇年以上の歳月を挟んで単行本の増補決定版が刊行される（二〇〇三年）。本書の息の長さを示すものであるが、増補決定版は小津生誕一〇〇年の年でもあった。単行本の元版と増補版の装丁は、表紙カバーの写真が拡大されただけで、角背A五判の重厚なスタイルもそのままである。帯の惹句も骨格は代わらず、最初から完成度の高い造本・内容であった。本論の部分が全七章であった初版に、Ⅷ憤ること、Ⅸ笑うこと、Ⅹ驚くこと、の三章が増補された。それ以外にも手が入れられており、Ⅰ否定すること、の章では「小津自身が比喩的ながら絶対に作るまいと宣言したトンカツ屋が（初版）」→「小津自身が比喩的ながら絶対に作るまいと宣言したトン

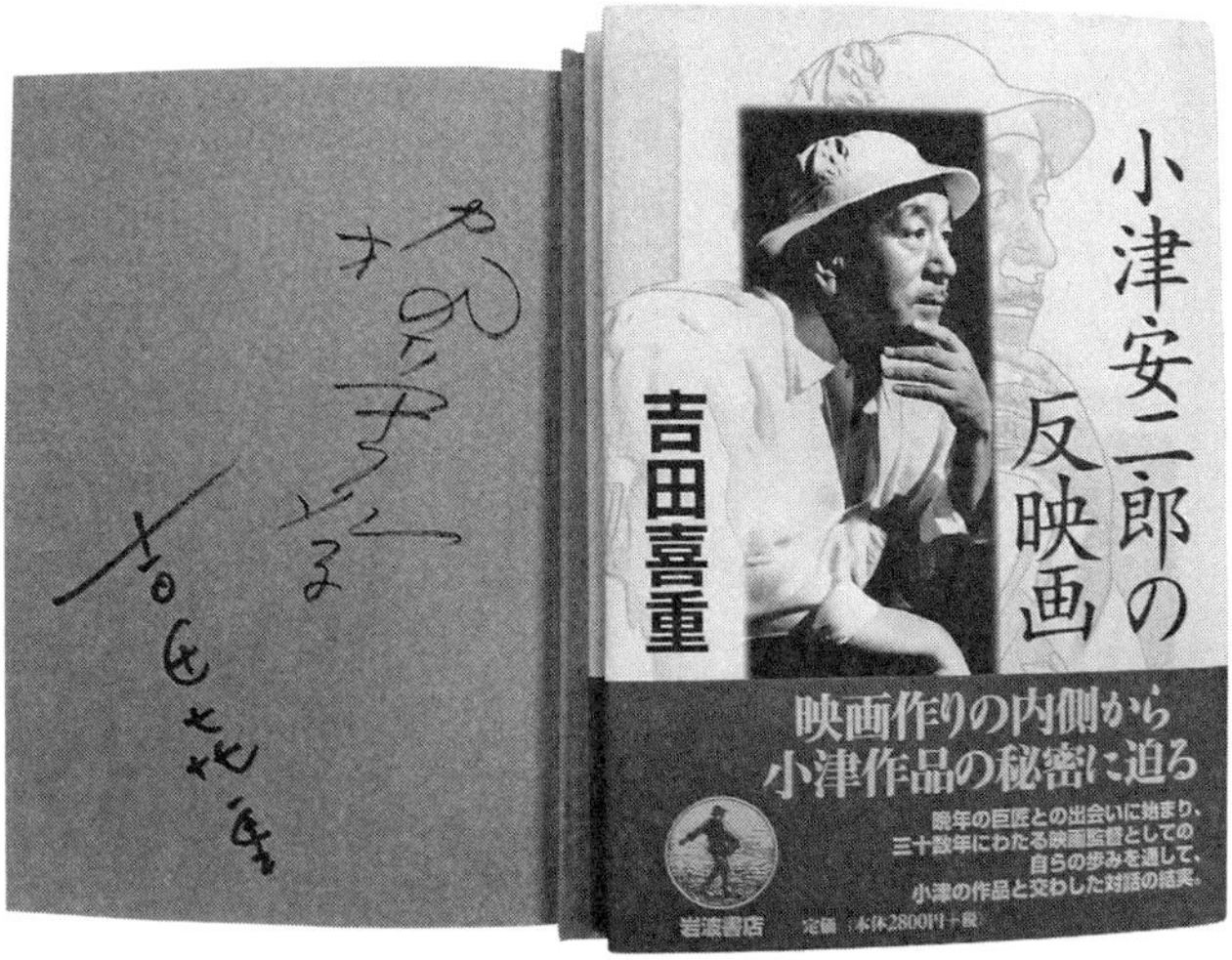
吉田喜重
小津安二郎の反映画
映画作りの内側から
小津作品の秘密に迫る
岩波書店

監督 小津安二郎 蓮實重彥
筑摩書房
監督 小津安二郎
蓮實重彦
小津映画の魅力を構成する真の動因は何か？ 人々がとらわれている小津的なるものの神話から瞳を解き放ち、映画の現在に小津を甦えらせる画期的著作。

カツで生計を立てる元教師が（増補版）」と一層分かりやすい形に改められている。Ⅳ住むこと、の章では「たとえば『宗方姉妹』にあって、……階段を降りる女の全身像がフィルムの表層に刻みつけられたとき、それが、高杉早苗と高峰秀子の陰湿な葛藤の序曲であることを人は理解する。階段を正面から見てしまうこと、それは後期の小津にあっては、徹底して不孝な体験なのだ（初版）」→「たとえば『宗方姉妹』にあって、……階段を降りる女の全身像がフィルムの表層に刻みつけられたとき、それが、高杉早苗と高峰秀子の陰湿な葛藤の序曲であることを人は理解する。それは、『戸田家の兄妹』で階段を降りる三宅邦子とその義妹の高峰三枝子の間ですでに演じられていた葛藤にほかならない。階段を正面から見てしまうこと、それは後期の小津にあっては、徹底して不孝な体験なのだ（増補版）」と一層詳細に記述されるなど、全体に細かく手が入れられているから、今後は増補版に拠るべきである。

献呈先の佐伯彰一はアメリカ文学者。蓮實・佐伯共に東京大学の出身だが、七〇年代から八〇年代初期まで、教養学部での同僚でもあった。佐伯は蓮實より一回り以上年長で、在職時期は蓮實の専任講師・助教授時代と重なる。佐伯は世田谷文学館館長時代にゲストに蓮實を迎え「映画と文学のフシギな関係」という対談も行っている。

（八）四方田犬彦『日本の女優』（岩波書店、二〇〇〇年六月）

厳密に言えば小津本の範疇からははずれるかもしれないが、佐伯彰一に学んだ四方田犬彦の当該書を挙げておこう。「人と人とのつながりが小津映画、小津監督の魅力」（『ローカル三重』二〇〇七年一月一八日）と考えるからだ。第一章には、原節子と同じ車輌に乗り合わせた二一歳当時の佐伯彰一の回想も記されている。さて本書は、共に一九二〇年生まれの原節子と李香蘭（山口淑子）を交互に論じながら、戦前・戦後の映画史、映画と時代とが相渉る様を見事にえぐり出していく。特に、第四章の〈原節子一九四六―〉は原を通してみたすぐれた小津論・黒沢論・成瀬論である。当該書は、四方田が、友人でもある陳凱歌とミュージカル李香蘭を見に行く場面から始まるのであるが、一九五三年の早生まれの四方田は、陳より生年は一年遅れるが、日本風に言えば同学年となる。原と山口同様の深い因縁がある。因みに稿者は陳凱歌と同年同月生まれ。日本に生まれるか中国に生を受けるかで、いかに異なる道を歩むこととなったことか、『私の紅衛兵時代』（講談社現代新書、一九九〇年）などを読むといつも痛感させられるのである。

（九）片岡義男『彼女が演じた役』（早川書房、一九九四年一一月）

原節子に言及した連想から、もう一冊。蓮實式にいうと、小津本から遠く離れて、ということになるかもしれないが、異色の原節子論、小津論ということで掲出する。冒頭早々に「僕は子供の頃から現在に至るまで、日本映画をほとんど見ていない」と切り出されても、片岡義男ならさもありなんと納得してしまう。それでも分かりやすい分析で、不思議な説得力を持つ一種の怪著である。片岡義男には、文春文庫に収められた『映画を書く日本映画の原風景』もあり、日本映画に異色のアプローチを行っている。こうなると、「彼のオートバイ・彼女の島」をもじって、片岡義男原作、大林宣彦監督で、「原」田知世か「原」田貴和子の主演で、原節子をテーマにした『彼のピケ帽・彼女が演じた役』という映画を作ってみるのも面白いかもしれない。ずいぶんと異質なものになるだろうが。

（一〇）佐藤忠男『小津安二郎の芸術』（朝日新聞社、一九七一年一二月）

蓮實が小津研究の第二期を代表するとすれば、草創期すなわち第一期を代表する著作が本書である。最新版の朝日文庫版のあとがきに「小津安二郎研究は世界に拡まってますます盛んになるいっぽうである。……その最も早い時期の、極力小津安二郎が生きた時代の状況や気分や人々のことを書き込んだ研究として改めて読んでいただければ有り難いと思う」と記すように、小津の生きた時代の気分や空気、時代の風など共有した世代によってのみ書くことが可能であった貴重な評論である。

本書も版を重ね、掲出した単行本以外に、上下二分冊となった朝日選書版（一九七八、七九年）、上述した最新の朝日文庫版の『完本　小津安二郎の芸術』（二〇〇〇年一〇月）がある。序論と増補が追加された文庫版も重要であるし、『彼岸花』の有馬稲子・田中絹代・佐田啓二・山本富士子が帯を飾る選書版も忘れがたいが、単行本はカラー写真を含めた豊富な口絵を持っており、それに何と言っても原弘の装丁がすばらしい。

装丁家、ブックデザイナーとしての原弘の業績は多岐にわたるが、最も多くの人々に愛されたものに、河出書房の『〈グリーン版〉世界文学全集』がある（田坂『黄金時代の文学全集』和泉書院、二〇〇七年）。〈グリーン版〉は表紙から、ビニールカバー、外函に到るまで緑で統一した鮮やかなものであったが、中でもアングルカラーと呼ばれる独特の用紙を使用した函が目を引いた。本書でもそのアングルカラーが外函と表紙とに用いられている。原の業績を網羅した『原弘　グラフィックデザインの源流』（平凡社、一九八五年）の別冊『原弘　紙の本』の三番目にアングルカラーの見本が付されている。

（追記）（六）の筑紫哲也の著書と酷似する書名の本がさらにもう一冊刊行された。中村明『小津の魔法つかい　―ことばの粋とユーモア―』（明治書院、二〇〇七年）である。書名に優先権はないとはいえ、ここまで重なってしまうと、読者や図書館では混乱してしまう。サブタイトルや角書きの相違はあるし、「魔法使い」は筑紫版、「魔法つかい」は中村版と、細部は確かに異なっているのではあるが。

三　小津本紳士録（二）

（一一）田中眞澄『小津安二郎のほうへ　モダニズム映画史論』（みすず書房、二〇〇二年六月）

前稿で、小津安二郎論の第一期の代表として佐藤忠男、第二期から蓮實重彦を取り上げたから、現在に至る第三期を代表する論客として、田中眞澄から話を始めたい。田中自身は、小津映画に接したのは小津没後のことであると、しばしば述べている。その意味で、小津の時代や空気を共有したわけではないが、「すぎ去った時代を後世が再び体験することは不可能」（『小津安二郎周游』）とする、いわば達観が、先入観なく映像資料・文献資料を正確に徹底的に読み解く形で見事に結実している。

さて田中眞澄の小津論が特に優れているのは、『小津安二郎全発言（1933～1945）』（泰流社、一九八七年）、『小津安二郎戦後語録集成　昭和21（一九四六）年―昭和38（一九六三）年』（フィルムアート社、一九八九年）、『全日記小津安二郎』（フィルムアート社、一九九三年）などの基礎資料を整備する地道で重厚な仕事と、本書をはじめ、『小津安二郎「東京物語」ほか』（みすず書房、二〇〇一年）、『小津安二郎周游』（文藝春秋、二〇〇三年）、『小津安二郎と戦争』（みすず書房、二〇〇五年）、『小津ありき　知られざる小津安二郎』（清流出版、二〇一三年）など、小津映画や小津安二郎、そして昭和映画史を、鋭くしかしあくまでも軽やかに描く仕事の両面を兼備している点である。資料に究極まで語らせつつ、同時に、資料の狭間を暖かい眼差しで追うのである。いわば血の通った実証主義とでも評すべきものである。

『小津安二郎　人と仕事』（後述）以来の、小津研究の最大・最良の基礎資料である『全日記小津安二郎』の刊行が小津生誕九〇年（没後三〇年）、小津の最善の評伝である『小津安二郎周游』が小津生誕一〇〇年（没後四〇年）と、小津映画と小津を慕うものにとっては、節目の年に何よりの贈り物であった。後者など、第一級の評伝であるから、読後の圧倒されるような充実感は当然として、同時に心地よい時を過ごせたという思いが自然に湧いてくるのである。宮川一夫風にただ「いいなあ」（同書四九七ページ）という言葉をつぶやきたくなる著述である。

私的回想を許していただければ、遅れてきた田中愛読者である稿者が、その存在を最も強烈に意識したのは、『小津安二郎「東京物語」ほか』であった。『東京物語』の台本自体

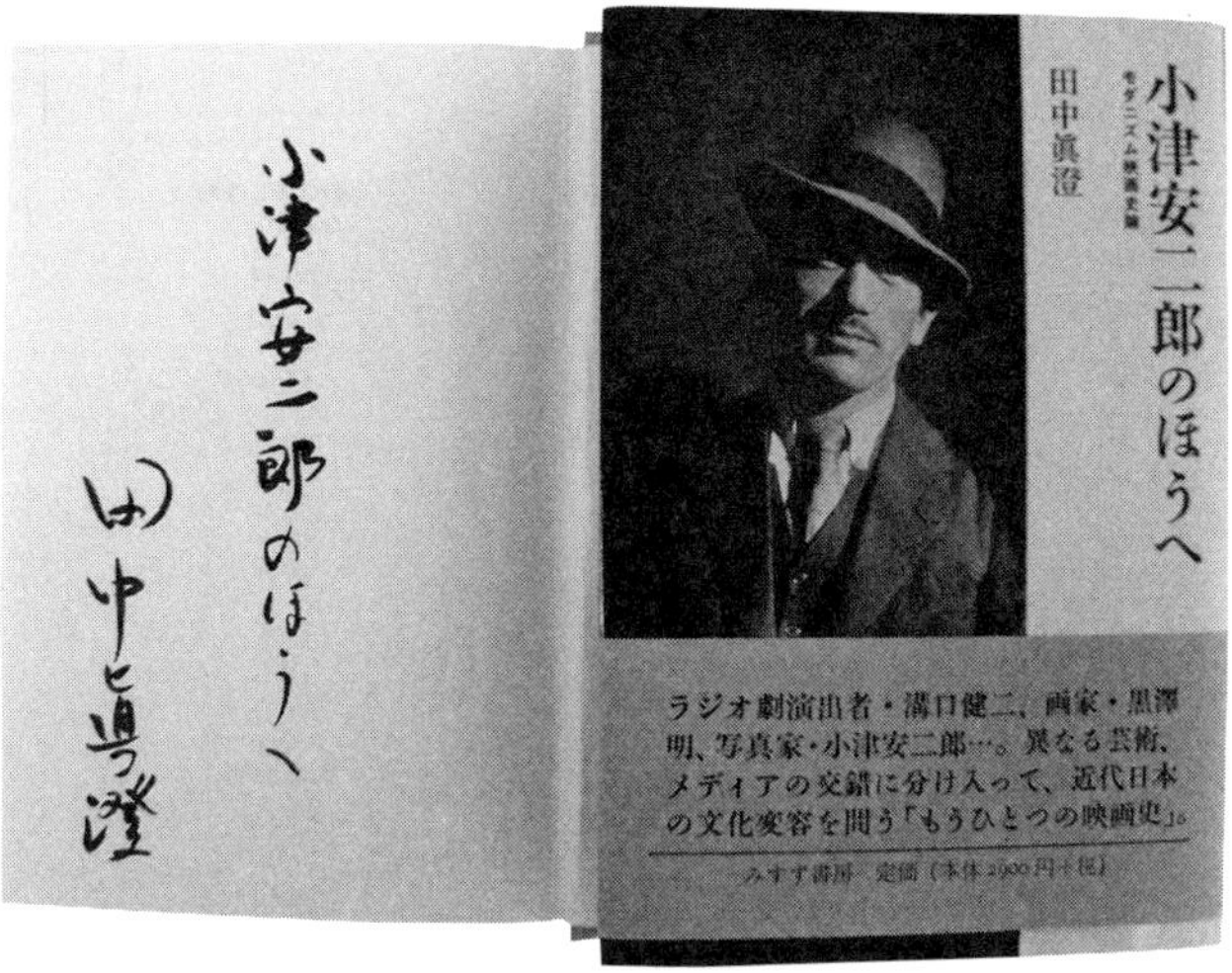
小津安二郎のほうへ
田中眞澄
小津安二郎のほうへ
モダニズム映画史論
田中眞澄
ラジオ劇演出者・溝口健二、画家・黒澤明、写真家・小津安二郎…。異なる芸術、メディアの交錯に分け入って、近代日本の文化変容を問う「もうひとつの映画史」。
みすず書房　定価（本体2900円＋税）

小津安二郎と戦争
全文収録。
全日記
小津安二郎
田中眞澄 編纂
再現された
小津安二郎の日々
去来する
永遠の眼差し
全日記
ついに刊行!
小津安二郎全発言
（1933～1945）
田中眞澄編

は『小津安二郎　東京物語』（リブロポート、一九八四年）の大型本で読んだことがあり、「自作を語る」も『小津安二郎戦後語録集成』などで既読であったのだが、「殺人奇譚」「丸の内点景」などに導かれて、本書の構成にしたがって改めて読み返してみると、全く違うものとして立ち現れ、まるで小津の肉声を聞いているような錯覚を覚えたのである。そこには、たぐいまれな映画人、いや真の意味で敬愛すべき一人の近代人の姿や声が封じ込められているのである。封じ込められているというと誤解を与えるかもしれない。今なお息づいていると言った方が近いかもしれない。それ以来、繰り返し繙読する文字通りの愛読書となった。同書によって、みすず書房の〈大人の本棚〉という、書物の選択も、造本も優れたシリーズに出会えたのも嬉しい出来事であった。立原道造『鮎の歌』、青柳瑞穂『骨董のある風景』などこのシリーズで再読して、懐かしい旧友先人と再会したような気がした。これも田中や小津が導いてくれたような気がする。

さて、署名本として掲出した『小津安二郎のほうへ　モダニズム映画史論』に言及する余裕がなくなってしまった。軽やかに、一九二〇年代、三〇年代の日本映画を周遊する筆致は相変わらず鮮やかであるが、特に出色であるのは、冒頭に据えられた「北村小松から小津安二郎へ　物語蒲田モダニズム」である。北村小松原作・脚色の『淑女と髯』は初期の小津映画の中でも大好きな一本であり、「『源氏物語』玉鬘の人生と暴力」（『文学におけ

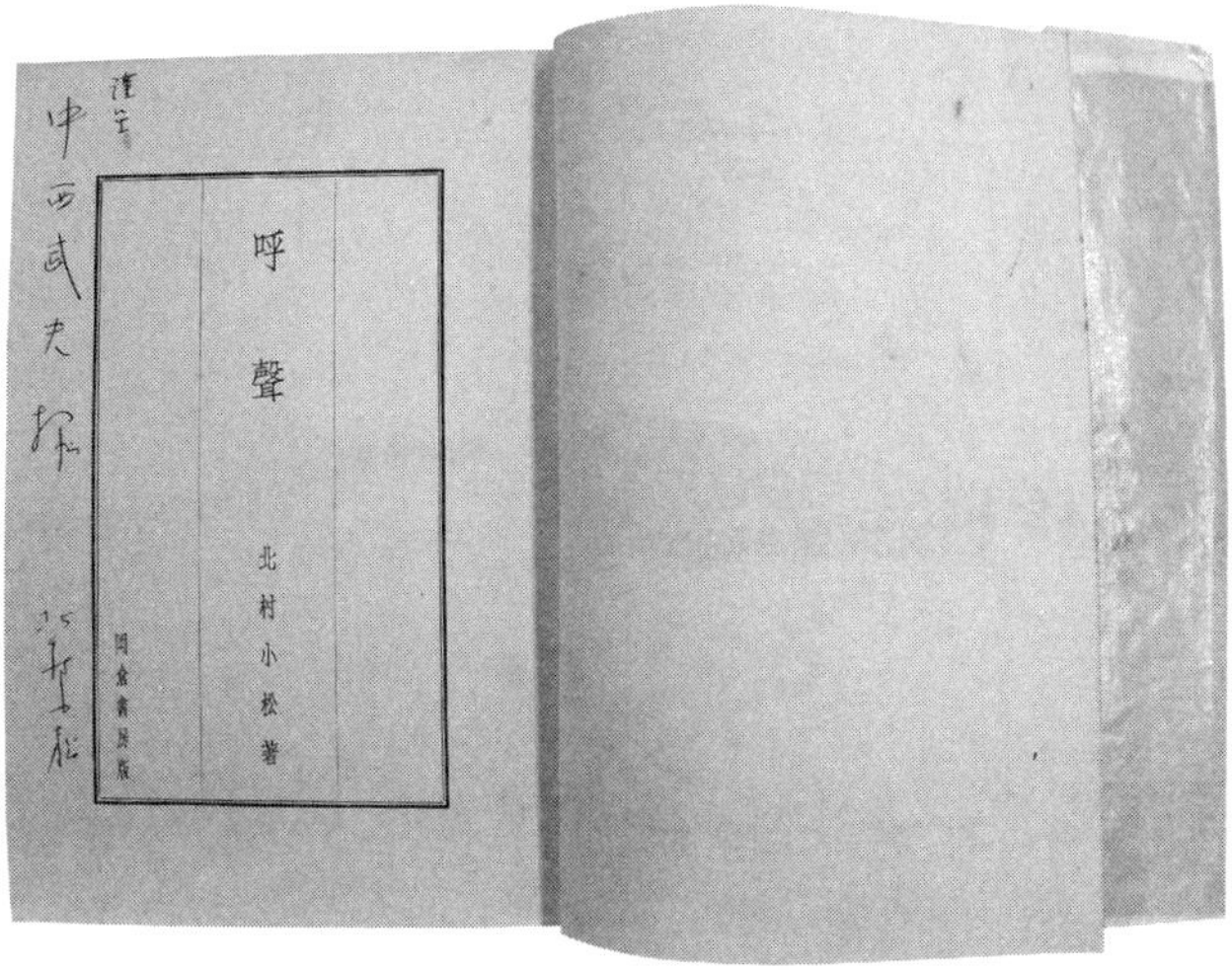
呼聲
北村小松著
岡倉書房版

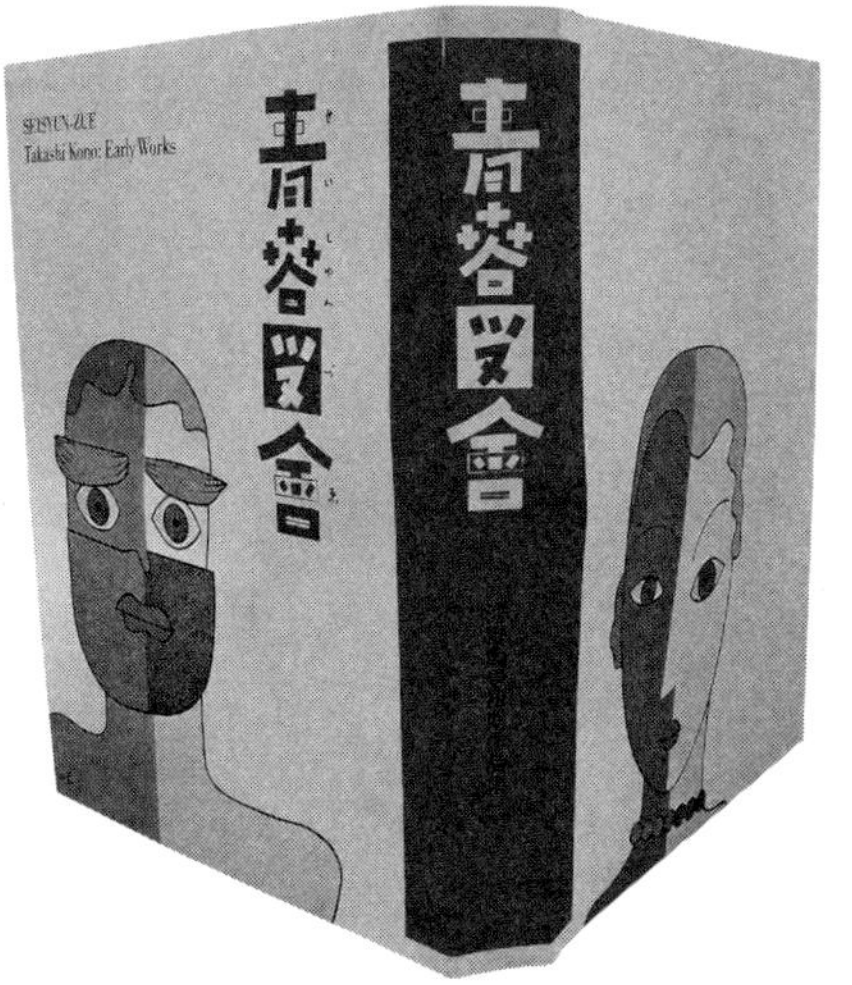
SEISYUN-ZUE
Takashi Kono: Early Works
青春圖會

る女性と暴力』二〇〇六年）という小論文に「―あるいは淑女と髯―」というサブタイトルを付けた稿者にとって、最も読み応えのあった北村小松論であった。掲出した北村小松の署名本は『呼聲　他五篇』（岡倉書房、一九三七年）で献呈先は脚本家の中西武夫（脚本家、その当時の作品に「憂愁夫人」一九三四年、東京宝塚劇場がある）である。『淑女と髯』の予告ポスターを表紙カバーに使用した『青春図會　河野鷹思初期作品集』（河野鷹思デザイン資料室、川畑直道監修、二〇〇七年七月）の書影を併せて掲げておく。

（一二）高橋豊子『パリの並木路をゆく』（学風書院、一九五三年二月）

前項の「北村小松から小津安二郎へ　物語蒲田モダニズム」の末尾近く、一九五一年の高橋豊子の渡仏歓送会に顔を見せた北村小松の姿が描かれているが、その会の主役であった高橋が、渡仏の体験記を翌々年に刊行したのが本書である。式場隆三郎と山本安英の序文を付す。初版と再版（五三年三月一〇日）を確認したが、全く同じカバーデザインだが、初版では赤を基調色として作成されていたカバー（題字やフランソワーズ・ロジェと高橋豊子の写真など）が、再版では緑錆色のトーンに変わっている。高橋の横顔写真を掲げた扉の部分も色変わりである。また帯も初版では背の部分に「女優の眼でパリを見る」とあったのが、再版では「日本図書館協会選定図書」の文字に置き換わっている。同じ著者の『沸

る　高橋とよ自伝随筆』（東峰出版、一九六二年）の装丁は小津組の衣装に欠くことの出来ない浦野理一の作品を複写して表紙に使用している。二種の『パリの並木路をゆく』、『沸る』すべて署名は「高橋とよ」でなされている。

さて、高橋豊子の渡仏は『麦秋』の完成直後、『東京物語』との間に位置する。「正直に見た通り感じた通り」（渡辺紳一郎）の文章で、当時の「ナマのパリがそのまゝの鮮度で受取れる」（伊原宇三郎）記録であるが、もちろん厳密な意味での小津本の範疇からははずれるものである。ここに掲出したのは、北村小松からの連想と、小津組の二人の高橋を繋ぎたかったからである。高橋豊子の渡仏から約二〇年後、パリはもう一人の高橋の訪問を受けている。そして、これが屈指の小津本の誕生と繋がるからである。この屈指の小津本には、高橋豊子が帰国後、『東京物語』撮影当時の様子も活写されている。「絢爛たる」「影絵」という相反する語句が組み合わせられた書物がそれである。

（一三）高橋治『絢爛たる影絵　―小津安二郎―』（文藝春秋、一九八二年一一月）

現代の小説家・文筆家の中でも、抜群の文章力を誇る高橋治であるが、この作品の出来栄えのすばらしさには舌を巻いてしまう。その高橋が、丹念な取材を基に、文章に彫琢を重ね、思いのたけをこめて書いたものであろうから、数多の小津本の中で独自の高みにあるのも当然であろう。高橋治と言えば、もともと独特の極めて高次元の美意識を持ち、中野翠の『小津ごのみ』（筑摩書房、二〇〇八年）に倣えば、『高橋ごのみ』を書きたくなるほどの人物であるから、小津安二郎を語る人としては、これほど相応しい存在もないかもしれない。

稿者はかつて当該書を評して「高橋というファインダーを通した小津像であるが、凡百の伝記や評論が足元にも及ばぬほどの内容を含む。今後も本書を越えるものは出ないのではないか。様々な逸話の向こうに立ち上がる小津像は、圧倒的な存在感を示している」（第八回福岡女子大学附属図書館所蔵資料展解説・二〇〇三年九月〜一〇月。『大学図書館の挑戦』和泉書院、二〇〇六年、所収）と述べたが、その考えは今日まで些かも揺るがない。高橋が当該書で、大船が創り出したベストショットを三つ（『一人息子』の工場の門、『麦秋』の遮断機、『愛と希望の街』の空中に散る鳩）挙げているのに倣って、本書の逸話のベスト三をあげれば、『東京物語』の高橋豊子の撮影シーン、同じく『東京物語』笠智衆のカットを編集する場面、そして新人監督の高橋治を激励する鳶職の老人、となろうか。もちろん、積み上げられていく逸話の巧みさだけで本書が支えられているのではない。適宜挿入される映画評論家達の同時代批評は、逸話過多、ストーリー偏重へと流れるのをぐっと引き締める効果を上げている。そうした巧みな構成の中でも、特筆すべき本書の特徴は、揺るぎない骨格そのものであるといえよう。昭和二八年の北海道に始まり、昭和四八年のパリへと飛び、そして小津の作品を辿りつつ現在、過去、大過去と、自在に時空を越えつつ、しかも鮮やかに相互が照応するように組み立てられている。こうした巧妙で正確無比な構造は、映像作家のそれであるといっても良いかもしれない。本書最末尾には、昭和五〇年代の春の大船撮影所の些細なスケッチがさりげなく配置されているが、本書の刊行からさらに四半世紀たち、若者達が「のせる」（本書四六ページ）だの「真逆」（一三一ページ）だのという言葉を何のてらいもなく口にするようになった現在、改めて読み返してみると、それすらが不思議な既視感を伴ってくるのである。

数ある小津本の中で、追随を許さぬ高みに到達した本書であればこそ、多くの讃辞に包まれる一方で、これに反発するものあり、影響に苦闘するものあり、いくつものドラマを生み出している。浜野保樹『小津安二郎』（岩波新書、一九九三年）は本書の呪縛から逃れられなかったものであるが、石坂昌三『小津安二郎と茅ヶ崎館』（新潮社、一九九五年）「脚本の神様」「花嫁御寮はなぜ泣くのだろ」などの項目には、高橋著書に対する批判が見え隠れする。稿者が専攻する古代文学や古代史の分野では、最近一部に高群逸枝『招婿婚の研究』に対する感情的なまでの反発を耳にするが、これほど毀誉褒貶が甚だしいのは「それだけ学術史的にも思想史的にも、今日的な問題を内包している書物である」（『カティング・エッジ』三二号、二〇〇八年九月）からだと、述べたことがある。小津本における高橋書は正にそうした存在なのであろう。高橋治の色紙の文言に倣って言えば、絢爛たる影絵は小津本の奇跡なのである。

さて、本書のもう一つの魅力が装丁にあるのは言うまでもない。カバーの背の部分を挟んで前後に小津安二郎と原節子の顔を描き、周辺に小津、原、岸恵子、岩下志麻、笠智衆らの写真をちりばめている。帯には本書を一編の映画に見立てて、「監督脚本高橋治」「主演小津安二郎」「共演原節子……木下恵介・野田高梧……ほかオールスターキャスト」等々と記し、撮影と助監督は当然厚田雄春と田村孟で、美術は本書の装丁に関わった鬼沢邦と福田孝義の名前が挙げられ、最後に「八二年一一月三〇日全国縦断公開」と締めくくられている。さらに、カバーの地、表紙、見返しには『東京物語』の台本が使われるという豪華さである。カバーの右袖には「東京物語」「創作意図」「親と子の関係を描きたい」とあり、以下台本の一一一ページから一二一ページまでが、表紙の表、見返し、扉、扉の見返し、裏見返し、裏表紙、カバー左袖からカバー裏側を辿って、最後にカバーの表側で終わるという凝りに凝った装丁である。もちろん本書の核心を占める、杉村春子や大坂士郎達の子供が尾道を去り、香川京子が学校に出かけた後、原節子と笠智衆の二人の会話の場面が中心になるように収められている。本書を読み終わった余韻に浸りながら、映画『東京

絢爛たる影絵—小津安二郎—
高橋治
絢爛たる影絵
—小津安二郎
高橋 治
これはまるで小津安二郎が主演の映画だ!!
名作「東京物語」に助監督としてついた著者が、巨匠小津の名声にかくされた謎に肉薄する。
映画人の傑作エピソードをちりばめた日本映画への挽歌。
文藝春秋
定価1500円

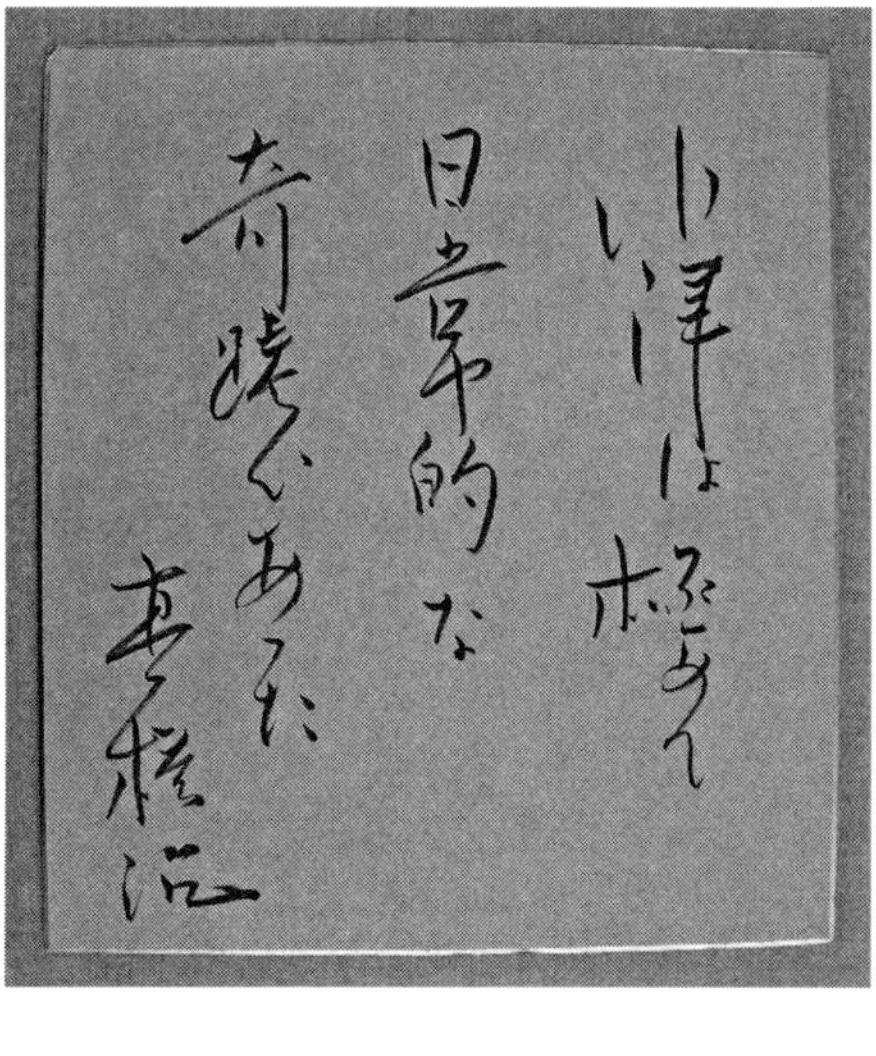

物語』のこの場面を想起しながら、ゆっくりと表紙から見返しを辿っていくというのが最も贅沢な読み方であろう。

当該本は、三年後に早くも文庫化され（文春文庫、一九八五年）、生誕一〇〇年に合わせて講談社から再刊（二〇〇三年）と、判型や出版社を変えて読み継がれている。文春文庫版からは、シンガポール時代の小津を描く「幻のシンガポール」が追加収録され、更に高橋と親交のあったサイデンステッカーの解説が付せられているのがうれしい限りである。文庫版のカバーは原節子の写真を大きくあしらったもので、これも捨てがたいものだが、講談社版のカバーには小津自身が描いた「新嘉坡好日」の画稿が使用されている。ジャケットだけでも三種類揃えていたくなる好著である。猶「新嘉坡好日」は、上述した田中眞澄『小津安二郎と戦争』のカバーでも使われている。

文春文庫版と講談社版の解説を書いたサイデンステッカーに因んで、署名本ではないが、『サイデンステッカー』（発行者山口徹三、制作精興社、二〇〇七年）の書影も掲げておく。上野のれん会の広報誌『うえの』にサイデンステッカーが寄せた文章に、篠田桃江の追悼文を併載したもの。私家版として埋もれさせておくのが惜しいほどの名文揃いであるし、カバー絵も味わい深いので、ここに紹介する。もちろん「小津映画」（『うえの』一九九四年二月号）も再録されている。

サイデンステッカー
サイデンステッカー

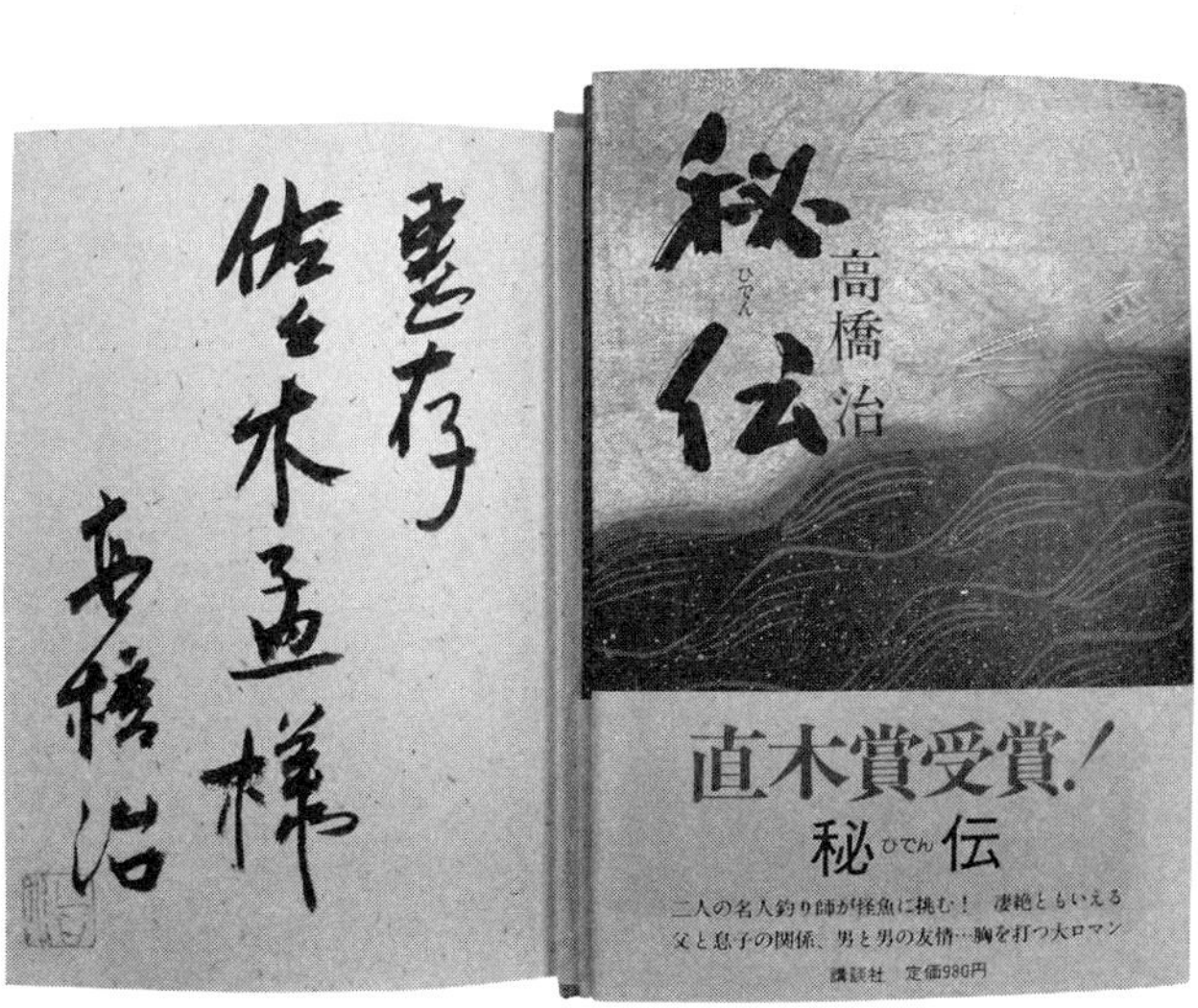
秘伝《ひでん》
高橋治
直木賞受賞！
秘《ひでん》伝
二人の名人釣り師が怪魚に挑む！ 凄絶ともいえる
父と息子の関係、男と男の友情…胸を打つ大ロマン
講談社 定価980円

併せて、高橋の直木賞受賞作品『秘伝』（講談社、八四年）の佐々木孟宛献呈本を掲出する。佐々木孟は松竹のプロデューサーを長く勤め、ロングセラーとなった高橋の『風の盆恋歌』（新潮社、八五年）がテレビドラマ化（八六年）された時の制作者でもある。『純情二重奏』『そよ風』『はたちの青春』の監督佐々木康の甥で、康は小津の『大学は出たけれど』『美人哀愁』で助監督を務めた。

（一四）『お茶漬の味　他』（青山書院、一九五二年一〇月）

一九五二年九月に完成した表題作に『晩春』（一九四九年九月）『麦秋』（一九五一年九月）の二作品を加えたもの。『晩春』の扉題の裏に「一九四九年九日」とある誤植がご愛敬である（一一月の再版では訂されている）。帯に記されている「日本映画の粋」「日本最高のシナリオ集」という惹句でさえ、平凡すぎて物足りなくさえ思えてしまう、珠玉のシナリオ集である。これに加えて、自書で表紙、扉、カバーから、帯の背の部分まで統一した小津安二郎自身の装丁は、シンプルな中に、滋味掬すべきものがある。昭和二七年という時期だけに、紙質は今ひとつであるが、日本映画史に誇る一冊であるといえよう。

本年（二〇〇八年）七月の明治古典会大入札会に、同書の小津安二郎署名本、それも原節子宛献呈本が出陳され、注目を集めたのは記憶に新しい。中山信如『古本屋「シネブッ

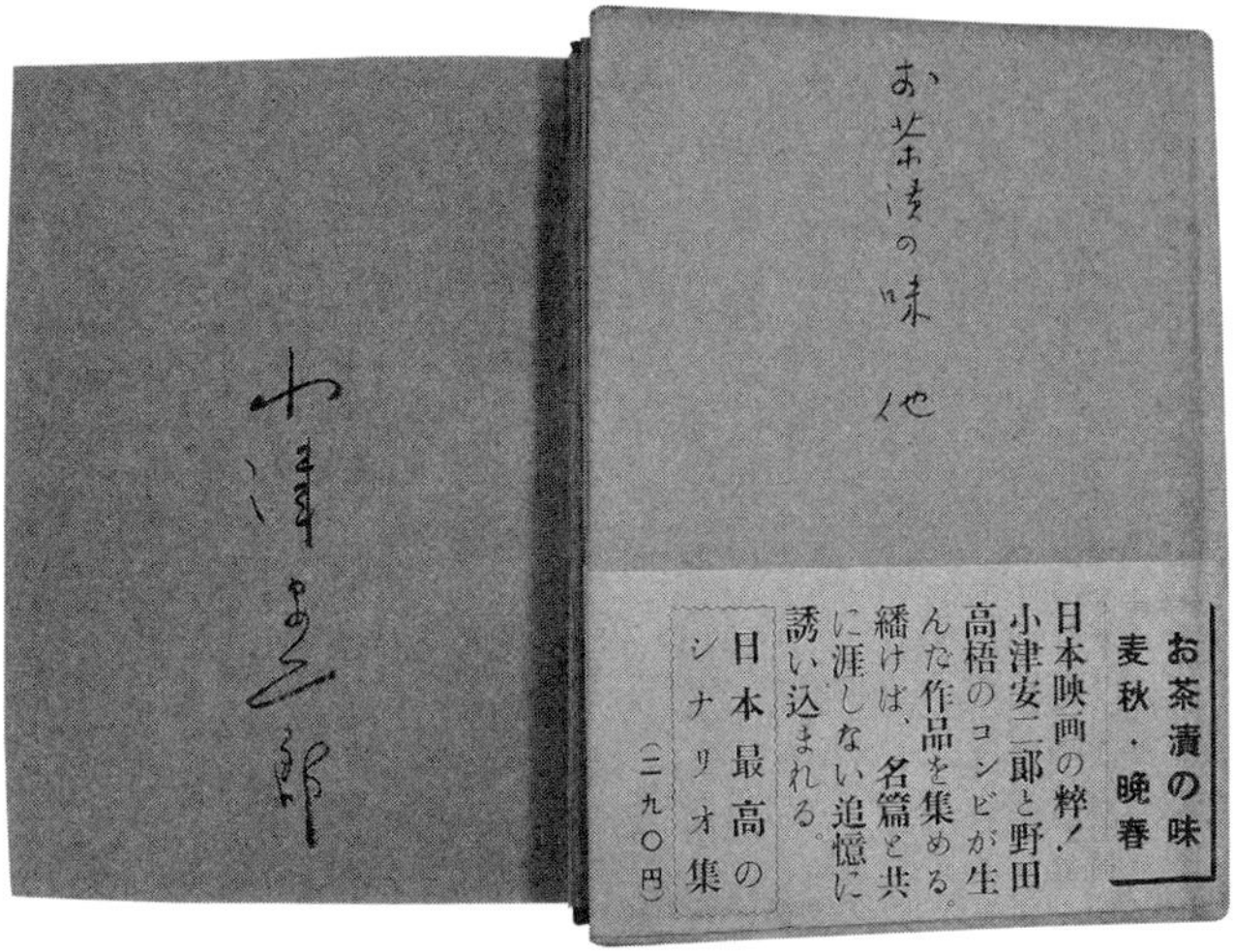
お茶漬の味 他
小津安二郎
お茶漬の味
麦秋・晩春
日本映画の粋！
小津安二郎と野田高梧のコンビが生んだ作品を集める。繙けば、名篇と共に涯しない追憶に誘い込まれる。
日本最高のシナリオ集
（二九〇円）

シナリオ方法論

ク」漫歩』（ワイズ出版、一九九九年）に紹介されていた資料だが、署名者と献呈先はもちろんのこと、内容も、造本も、保存も、筆跡もと、何拍子も揃っていたために人気が沸騰した。最終的に、大変な高額で落札された経緯については、旧蔵者でもある稲垣書店主中山信如の「原節子宛献呈署名代百壱萬圓也」（『彷書月刊』二〇〇八年九月号）に、ユーモアあふれる筆致で述べられている。原節子宛の献呈本には、小津映画の最良の伴走者であった野田高梧も署名している。その本の珍しさには全く及ばないかもしれないが、署名の美しさを味わうために、『お茶漬の味他』の小津安二郎署名本と、『シナリオ方法論』の野田高梧の署名本の二冊を掲出しておく。

『シナリオ方法論』は、一九四八年一〇月、シナリオ社刊。四六判並装、渡辺三郎装丁、頒価一九五円の普及版と、A五判上製、頒価四〇〇円の限定版がある。内容が秀逸であるのはもちろんであるが、限定版の方はこれに加えて、本文・目次の部分が子持ち枠で囲まれた洒落た造本で、扉絵も含めた装丁が実兄の日本画家野田九浦というなんとも贅沢な本である。掲出書は限定版第一〇号本である。

（一五）『小津安二郎・人と仕事』（蛮友社、一九七二年八月）

小津安二郎を囲む人々の貴重な発言が集められており、小津映画と小津を考えるときに

小津安二郎
—人と仕事—
蛮友社
小津安二郎
—人と仕事—
蛮友社
小津安二郎・人と仕事
蛮友社
小津安二郎・人と仕事

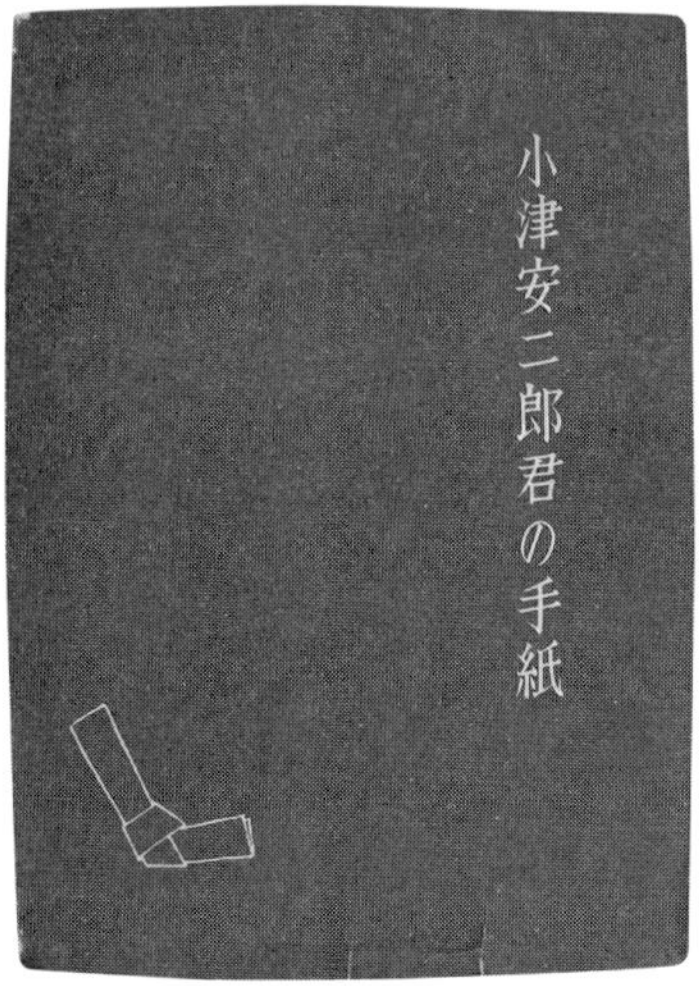
小津安二郎君の手紙

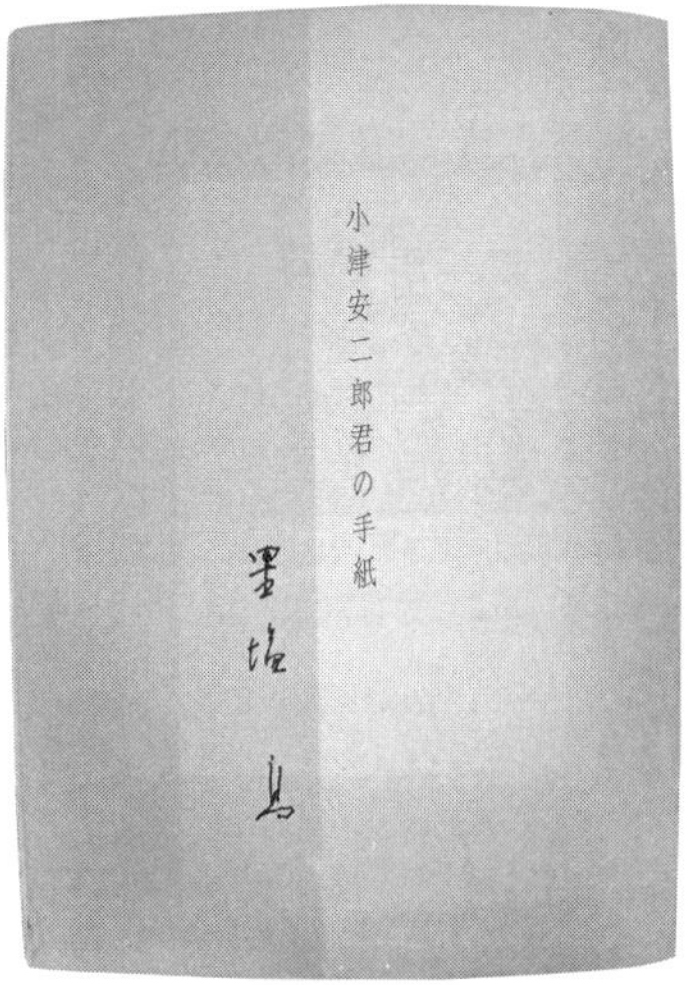
小津安二郎君の手紙

まず第一に参照すべきもので、小津本の聖典とでも言うべきもの。一巻の聖典と言うより、貴重な発言が集められた、いわば第一次の結集と評すべきものかもしれない。

B五判角背の堂々たる造本、小津映画のタイトルバックを思わせる布装に、緑と黒を組み合わせた重厚な貼箱、この「小津さん好みの、渋いオシャレ、ちょいとイキで、ちょいとクラシックな」（本書「あとがき」）装丁は、河野鷹思の手になるものである。

里見弴、野田高梧、中井麻素子、山内静夫をはじめ、約一〇〇名が小津を偲ぶ文章を寄せている。これらの人々の小津への思いが込められたずっしりと重い書物である。中でも本書の編集刊行に奔走尽力した井上和男は、完成したときにこの本の重さをどう感じたであろうか。野球の試合で負傷した偉丈夫の小津を背負ったとき「やせ我慢の背中はずっしりと重く」（「アキレスのことなど」）感じたとあるが、その重さであったか、鎌倉の自宅に無言の帰宅をしたときの軽さであったか。井上の万感の思いと共に、小津本中の小津本が送り出されたのは、小津の没後から九年後のことであった。井上が抜粋・注を付した『蓼科日記抄』、佐田啓二の『看護日誌』を挟んで、下河原友雄の編になる「年譜・書簡・日記抄・詩歌・断簡」では、様々な資料が駆使され、小津安二郎六〇年の生涯を見事に再現してみせる。小津を敬愛し、小津映画を愛するものにとって、文字通り聖典中の聖典である。

前稿の「小津本紳士録（一）」の最初に取り上げた、笠智衆の『大船日記　小津安二郎先生の思い出』（扶桑社、二〇〇一年六月）第三章「小津組紳士録」中の「九州漫遊記」は、昭和三一年の、小津、笠、里見弴、野田高梧、那須良輔一行の九州旅行について記述したものであるが、本書六一五、六一六ページにはその折の戯文日記、数ページ後には几帳面な金銭出納などの記録があり、両者つきあわせると面白いものがある。それらによると、長崎の諏訪荘をはじめ、二日市大丸別荘や島原南風楼などの名旅館に投宿しているが、稿者の地元近くの津屋崎（現在町村合併で福津市津屋崎）でも一泊していることを発見して嬉しくなった。本年（二〇〇八年）九月からの、九州国立博物館の特別展〈国宝天神さま〉では常盤山文庫からも多くの資料が出陳されていたが、それらを見ながら、稿者の頭に去来したのは、没後菅原通済の手に戻された周徳の水墨画をめぐる逸話であった（本書二八八ページ）。

附録として、小津自身の画稿一四枚の複製が添えられている。上述した「新嘉坡好日」から「新春山居」、「高野行」と、筆跡とスケッチから小津を偲ぶよすがとなる。

（一六）『小津安二郎君の手紙』（私家版、昭和四〇年一〇月、置塩高・井阪栄一・奥山正次郎・吉田與蔵編集）

二回に分載した本稿を締めくくるのは、旧友たちによって編まれた、A五判カバー装六四ページの、この小冊子にしたい。そこには友人たちの小津安二郎への思いが封じ込められているからである。人は人とのつながりの中でしか生きていけない以上、美しい記憶の中で生き続けることほど幸せなことはないと考えるからである。

三重県立第四中学校以来の友人たちが、小津からの来信を、一部は影印で、残りは活字の形で残そうとしたものである。筆跡・字配りなども含めて小津の豊かな人柄と友情の美しさが偲ばれるが、たとえ活字化されたものであっても、小津の文章の品格はまごうことなく明瞭に立ち上がってくる。様々な思いを込めて、ただ美しいという以外に言葉がない書物である。冒頭に紫綬褒章受章の祝いを兼ねた級会の写真を付す。小津自身の装丁した『戸田家の兄弟』の装丁に倣った表紙や、字幕に多く用いられた宋体の活字を組んだタイトルなど、造本も好ましい。

本稿で何回か触れた、昭和三一年の九州旅行の出発を翌日に控えての葉書、旅中天草から「毎日よく飲んでよく笑って楽しい旅だ」とある葉書、遡って昭和二八年五月『東京物語』の脚本執筆中の葉書など、小津が今そこにいて語りかけてくるような気持ちにさせる本である。掲出した書影は編者の一人置塩高の署名本。畏友樽見博が神保町の均一台から発掘した、稀書中の稀書である。

（追記）青森県立文学館の「没後三〇年　北村小松展」（一九九三年）の図録第一ページは「小津ごのみ」の軸と額に囲まれて書斎で仕事をする北村の写真から始まる。現在でも青森県立文学館の常設展のコーナーで北村小松の生涯を辿ることができる。

四　扉の前に誰かいる
―河出書房のカラー版『日本文学全集』のこと―

一、タイトルの由来

大家の自作自注でもあるまいし、タイトルの由来とは、のっけから楽屋落ちめいた話で恐縮であるが、歳月の経過とともに共通認識が失われていくのだから仕方がない。かつて、映画俳優チャールズ・ブロンソンの逝去が報じられた頃、代表作『雨の訪問者』にひっかけて、図書館に迷い込んできた雀の話を学内の図書館ニュース（後に『大学図書館の挑戦』和泉書院、二〇〇六年、所収）に書いたところ、残念ながらその洒落は学生諸君には全く通じなかった経験があるからである。

チャールズ・ブロンソンの代表作として一九七〇年の『雨の訪問者』を挙げるには異論があるかもしれない。一般の映画史の上では初期の『荒野の七人』（六一年）か、スターダムに押し上げた『さらば友よ』（六八年）を挙げるところであろうが、前者は異色のバイプレイヤーにとどまり、後者はアラン・ドロンという恰好の陰画（本来はチャールズ・ブロンソンの方が陰画の予定だったのであろうが、結果的にアラン・ドロンが引き立て役に回った）に恵まれた面が大きい。結局、二匹目のドジョウをねらった『夜の訪問者』というタイトルの作品を後続させるほどにヒットした本作品を、やはりチャールズ・ブロンソンの代名詞としたいのである。因みに、この二本、タイトルはよく似た作品であるが、サスペンスの面白さとしては大差がある。それはちょうど、『ターミネーター』が全作品趣向を変えて各編別種の愉しみ方があるものの、シュワルツェネッガーの不気味さを全面に押し出した第一作の圧倒的なインパクトは、『T２』以下の作品には欠けているようなものである。『雨の訪問者』は、監督のルネ・クレマンも良かったが、何と言っても音楽が抜群であった。音楽担当のフランシス・レイは、『男と女』『パリのめぐり逢い』『あの愛をふたたび』『流れ者』など、クロード・ルルーシュとの名コンビでこのころヒット作を連打していたが、流れるようなワルツが逆にこの映画の陰鬱さを際だたせる『雨の訪問者』こそ、『ある愛の詩』と肩を並べるフランシス・レイの代表作だと、稿者は思うのであるが、いかがであろう。もちろん、不安にさいなまれるヒロイン役の、ボーイッシュな髪型のマルレーヌ・ジョベールが魅力的であったのは言うまでもない。これに比べると『夜の訪問者』の方が見劣りするのは致し方なく、映画公開から四、五年後に出た小川順子の『夜の訪問者』という歌謡曲（映画とはまったく無関係なポップス風の演歌であった）の方が、むしろ記憶されている方は多いのではなかろうか。

さて、『さらば友よ』を経て、『雨の訪問者』で圧倒的な存在感を示したチャールズ・ブロンソンが、『狼の挽歌』『レッド・サン』を経て、出演したのが『扉の影に誰かいる』である。この映画は、裏で糸を引く、いわば傀儡師にあたるアンソニー・パーキンスよりも、操られる側のチャールズ・ブロンソンの存在感が最大の見物であることは言うまでもない。同作品の日本公開は、一九七一年。ベストセラー倒産ともいわれたいわゆる河出事件を間に挟むため、難渋を極めたカラー版『日本文学全集』が無事に完結に漕ぎ着けた年である。カラー版『日本文学全集』は、一九六七年刊行開始、完結まで四年の歳月を費やしているが、この四年間は『さらば友よ』『雨の訪問者』『夜の訪問者』『狼の挽歌』等々が相次いで公開された頃でもあり、チャールズ・ブロンソンの時代でもあった。つまり、カラー版『日本文学全集』とチャールズ・ブロンソンは、同時代を併走した存在でもあったのである。そういう思いも込めて、作品名を本稿のタイトルに転用したのである。

二、カラー版の構成と挿画

カラー版『日本文学全集』の一冊がどのような構成を持っているか、その形態について、第四四巻『川端康成（二）』（第四三回配本、七〇年九月）を例にとって見てみよう。

まず、見返しの後に、扉が来る。扉題は横書きで、中央やや上部に「川端康成」と大きく記し、その下に「招魂祭一景・禽獣・虹・母の初恋・反橋・舞姫・名人・みずうみ・掌の小説（抄）・他」とある。扉上部に「日本文学全集」下部に「河出書房」とそれぞれ記している。扉の裏には、シリーズ全体の監修者として武者小路実篤・志賀直哉・川端康成・井上靖・山本健吉の名前が、美術監修として安田靫彦と梅原龍三郎が、装幀は亀倉雄策の名前が列挙される。次に、ノーベル賞授賞式に臨んだ和服姿の川端康成のカラー写真一枚を挟んで、目次となる。ついで目次を挟んで、内扉となり、縦書きで「川端康成（二）」と記されている。目次、内扉が本文料紙と同じであるのは一般の書籍と同様である。要するに、扉、口絵（著者写真）、目次、内扉（内題）という構成である。

目次の形式は、作品名が列挙された後に、ポイントを落として小さく、注釈・保昌正夫、年譜・保昌正夫、解説・入沢康夫、巻頭写真・関口健次郎と続けられ、最後に色刷挿画の担当者名が、『浅草の姉妹』『虹』が佐野繁次郎、『禽獣』『名人』『みずうみ』が加山又造、『舞姫』が稗田一穂と記されている。猶、目次には明示されていないが、年譜と解説の間に本文カラー挿画・説明が一ページ入っている。

このカラー版は、「カラー刷豪華挿画入り」を特徴としていたから、この巻冊も、明治生まれの佐野繁次郎、大正生誕の稗田一穂、そして昭和世代の加山又造と、三代の画家を幅広く揃えている。このシリーズの挿画を担当した画家たちは、明治一〇年代に生を受けた鏑木清方・小林古径・安田靫彦等々を筆頭に、圧倒的に明治生まれの大家が多く起用されているが、カラー版刊行当時にはまだ三、四〇代だった昭和生まれも積極的に登用されており、早くも第五回配本（六七年五月刊行）『夏目漱石（二）』の『行人』や『こころ』を担当している加山又造はその代表格であった。最若手は、第五〇回配本（七一年九月）第四九巻『中村真一郎・福永武彦・堀田善衛』で、福永の『忘却の河』を担当した田村文雄で、まだ三〇歳の新進であった。

ちなみに、本巻に起用された佐野繁次郎、稗田一穂、加山又造の三人が同じカラー版シリーズで、どのような作品の挿画を描いているかを見ておこう。最年長の佐野繁次郎は永井荷風の『雨瀟瀟』と『踊子』の挿絵を、大正生まれの稗田一穂は大正文学の代表格芥川龍之介の『芋粥』『地獄変』『きりしとほろ上人伝』『杜子春』の挿絵を、そして加山又造は上述したごとく夏目漱石の『行人』と『こころ』と、それぞれが近代文学史の代表作品を担当している。河出書房のほかのシリーズも視野に入れれば、加山又造は豪華版で同じ川端の作品として『山の音』『名人』『伊豆の踊子』『抒情歌』、それ以外に谷崎潤一郎の『刺青』『春琴抄』、水上勉の『雁の寺』『五番町夕霧楼』『越前竹人形』『霰』など多数の挿絵を担当している。一方稗田一穂は、芥川の『蜘蛛の糸』『奉教人の死』『舞踏会』『秋』『南京の基督』『アグニの神』などのほかに、円地文子訳『雨月物語』の挿絵も担当している。

同じ出版社の場合、先行する別のシリーズの挿絵を転用することもあるから、こうしたデータは網羅的なものが必要であろう。挿絵のデータは、一般的な書誌事項には記載されないことが多いから、今後特に必要となろう。部分的ではあるが、唯一挿絵のデータを書誌情報として採用しているものに、神奈川近代文学館があり、記載されている限りは極めて正確であるが、やはり網羅的でないことが惜しまれる。そうした状況に鑑み、手元にある同時代の文学全集の挿絵データの中から、この三人のデータを揚げておこう。

横光利一の多くの書物の装丁を担当している佐野繁次郎の挿絵は、中央公論社『日本の文学』第三七巻『横光利一』（六六年四月）では、『日輪』『上海』『寝園』で使用されている。同じ『日本の文学』では第三八巻『石川達三』（六六年一〇月）で『結婚の生態』の挿絵を、第四六巻『宇野千代・岡本かの子』（六九年四月）では宇野千代の『色ざんげ』『刺す』を担当している。

稗田一穂は、文藝春秋の『現代日本文学館』第五巻『夏目漱石（Ⅱ）』（六七年一月）で『門』の挿絵を、中央公論社『日本の文学』第七三巻『堀田善衛・安部公房・島尾敏雄』（六八年一一月）で島尾敏雄の代表作『死の棘』『出発は遂に訪れず』をはじめ『島の果て』『単独旅行者』『日のちぢまり』の挿絵を、同じく『日本の文学』第五二巻『尾崎一雄・外村繁・上林暁』（六九年一二月）では外村繁の『鵜の物語』『澪標』『日を愛しむ』を担当している。

三人の中では最も川端康成との縁が深い加山又造は、中央公論社の『日本の文学』の三八巻（六四年三月）で『美しさと哀しみと』、文藝春秋の『現代日本文学館』第二四巻（六九年八月）で『山の音』を担当しているほか、『日本の文学』では第七二巻『中村真一郎・福永武彦・遠藤周作』（六九年八月）で福永の『草の花』の、『現代日本文学館』では第四〇巻『円地文子・幸田文』（六八年六月）で円地の『女坂』の挿絵を担当している。

三、カラー版の〈しおり〉

巻数が多く、定期的に配本される文学全集類には、月報とか付録などという名称で呼ばれる、一〇ページ前後の小冊子が挟み込まれていることが多い。文学全集の月報から得られる情報の面白さについては、その一端を別稿「文学全集の月報から見えるもの」(『日本古書通信』二〇〇九年一二月号、本書所収)で述べたことがある。河出書房の日本の文学全集類でも、ワインカラー版、『国民の文学』、『現代の文学』、グリーン版などはこうした月報類が挿入されている。ワインカラー版の現代文学編(同シリーズは古典編一三冊・現代編一二冊から構成される、極めてバランスの良いものであった)の月報に連載された佐藤春夫の「一作を選ぶ」のシリーズなど実に面白い試みであった。これが、豪華版とカラー版では、多少異なった形となり、〈しおり〉という名称のものが挟まれている。いわゆる栞とは異なるので、以下〈しおり〉という表記を用いる。形式上の違いを言えば、月報は薄手の用紙を使い文章中心でページ数も多く、内容もエッセイから資料紹介・小論文など多様である。〈しおり〉の方は、厚手の用紙、一枚刷りかせいぜい二つ折りが多く、スペースの関係から短いエッセイや本冊の内容の解説などである。編集後記や配本案内などは両者に共通する要素であるが、これも〈しおり〉の方ではスペースの関係で圧縮されたり、省略される場合もある。

こうした月報や〈しおり〉は、配本が進むにつれて微妙に変化することが多い。おそらく刊行当初は、本体の完成や定期的な配本こそが喫緊の課題であり、月報類の形式の統一までは手が回らないというのが正直なところであろう。また配本が進めば、既刊の部分の説明などが次第に多くなり、ほかの記事の紙幅が狭められることもある。

カラー版の〈しおり〉でも第一回・二回配本の『源氏物語』では、「源氏物語上巻の主要人物」一三名「源氏物語下巻の主要人物」一〇名の解説がなされるが、一一回配本の『平家物語』にはそのようなものはない。もっと明確な相違は島崎藤村の例である。第三回配本の『島崎藤村（一）』では『破戒』の主要人物として瀬川丑松、お志保、猪子蓮太郎ほかの人物の解説がなされているが、一二回配本の『島崎藤村（二）』の『夜明け前』にはそうしたものはない。文字通りの大作である『夜明け前』こそ、こうした人物解説が必要であろうが、これは〈しおり〉の形式の変化によるものである。猶、『源氏物語』の場合は主要人物紹介の上欄に新井勝利の挿絵からとった光源氏や薫の肖像が上下巻各五名掲げられており、視覚的効果を上げている。

このシリーズの〈しおり〉が、ほぼ統一的な形式を獲得するに至るのは、第五回配本の『夏目漱石（二）』からである。この巻を例にとって見てみよう。

カラー版の〈しおり〉はA四判の厚手の用紙を二つ折りにしたもので、A五判四ページの形式をとる。このうち最初の二ページ分を使って、メインとなるエッセイ・小文が記されている。この巻では夏目純一の「チョコレート色の靴」である。各巻この部分の記事を

カラー版 日本文学全集
夏目漱石(一)
しおり—4
河出書房

カラー版 日本文学全集
芥川
カラー版 日本文学
谷崎
カラー版 日本文学全集
川端康成
しおり—7
河出書房

執筆しているのは、作家の近親者（三〇回配本『横光利一・中山義秀』横光象三「父」、三四回配本『椎名麟三・梅崎春生・武田泰淳』梅崎恵津「五年目に想うこと」など）、知友・後輩（一七回配本『太宰治』木山捷平「太宰と私」、五〇回配本『中村真一郎・福永武彦・堀田善衛』篠田一士「Three of Them」など）、評論家・研究者（三七回配本『中野重治』桶谷秀昭「中野重治」など）で、これは従来の月報と同様で、月報では数名が寄稿し、研究者や評論家の問題提起や、近親者や知友のエッセイなどが巧みに組み合わせられていた。今回はスペースの関係で、この箇所は一人のみである。ただ、カラー版の場合は、このただ一人の執筆者に、画家や美術評論家が多く起用されている点に特色がある。具体例を挙げれば、石井鶴三「山本有三文学碑建設前後」（一八回配本『山本有三』）、鏑木清方「たけくらべと高野聖」（二七回『現代名作集』）、佐野繁次郎「永井先生」（三六回『永井荷風』）、小倉遊亀「細雪の挿絵をかいて」（四一回『谷崎潤一郎』）、坂崎乙郎「漱石と近代絵画」（四九回『夏目漱石（三）』）等々である。さらに徳川義宣「『源氏物語』と美術」（二回『源氏物語（一）』）、鈴木敬三「平家物語に見えるその日の装束」（一一回『平家物語』）、島崎緑二「林武さん同行記　『夜明け前』の挿絵のために」（一二回『島崎藤村（二）』）なども、このシリーズならではの寄稿であろう。記事担当者だけではない。上述した夏目純一の「チョコレート色の靴」には漱石の「藤の花」の画が、前回配本（『夏目漱石（一）』）の小島信夫「女の空おそろしさ」の文章には同じく漱石作「紫陽花」の画が挿入されていることなども特色の一つとして挙げてよかろう。猶、佐野と小倉の文章については次節で再述する。

四、三宅正太郎の解説

カラー版の〈しおり〉の三ページ目には、次回配本案内の挿画の解説が記されている。美術評論家の三宅正太郎の手になるもので、原作と挿画、文学と美術を結ぶ恰好の道案内となる卓越した文章で、この部分を読むだけでも、この〈しおり〉を保存する意味がある。三ページ目を全部費やす形で、次回配本の挿画から二つを選び、上段に並べて掲載し、下段にそれぞれ三〇〇字程度の秀抜な解説が付けられている。第五回配本の『夏目漱石（二）』の〈しおり〉には、次回配本作品の挿画から小磯良平の『羅生門』と、稗田一穂の『芋粥』が取り上げられている。三宅の連載は、第二回配本の〈しおり〉で、石井鶴三・原精一・森芳雄・西山英雄・佐藤忠良の五枚の藤村作品の挿画の解説から始まっているが、上述の形式に固定するのは、第四回配本からである。

二九回配本までは形式と分量が統一されているが、三〇回配本からスペースが半減し、取り上げられる挿画が一作品になる。三〇回配本の〈しおり〉では、次回配本の舟橋聖一の作品から仲田好江の『悉皆屋康吉』の挿画のみが取り上げられている。これは三ページ目の下半分に、姉妹編のカラー版『世界文学全集』の広告が大きく入るようになったからで、『世界文学全集』も続編として追加刊行が決まり、てこ入れの必要が強まったのであろう。『悉皆屋康吉』の段階では、解説文章は従来どおり三〇〇字程度である。これが、三二回配本からは文字数も次第に少なくなる傾向があり、スペースも四一回配本からは、三段組みのうちの一段が当てられることが多くなり、次第に縮小されていき、五一回配本の〈しおり〉の井上光晴の『妊婦たちの明日』の沢田哲郎の挿画を最後にこの連載は終わる。このシリーズは全五七冊であり、三宅の解説は、二回から五一回まで、ごくわずかの例外を除いて毎回連載されており、作品と挿画の関係を見事に言い当てている。ここではこの形式が固定した最初（四回配本）と最後（五一回配本）の解説を挙げておく。解説文の分量は倍以上の開きがあるが、共に作品の空気を封じ込めた画家の手腕を巧みに解析する点は共通する。

高山辰雄の「それから」

前景の百合の花が画面の半分を占め、後方、それになかばかくれるように長井代助の顔が見える。代助の頭髪の形や濃い口ヒゲは、なんとなく明治の風情をしのばせる。

と同時に、この近代人代助の造形には、目をみはらせるものがある。代助は、そのひそかな恋を友人平岡にゆずったが、平岡に嫁した三千代は三年後には夫とのあいだに亀裂を生じて帰京する。

代助は恋愛と倫理との葛藤に悩む近代人であるが、画家はこのふたりの劇的な対面を、持ち前の肉太な筆で、一見平明・簡素に描き出している。しかし代助の大きく見開いて女を正視する瞳は、同時に自己を批判する目でもあるのにたいして、女は三日月形の眼を人妻のはじらいで伏せていて、このふたつの眼の対照がおもしろく表現されている。

大きな百合の花の下の手は、絵の上半と下半を結ぶひとつの要素である。濃密な赤紫や緑や茶が、劇的瞬間をもりあがらせる熱い色としてまことにふさわしい。

沢田哲郎の「妊婦たちの明日」

閉山した炭鉱のある島。薄よごれたスカートに裸足の女たち――黒ずんだ顔の女たちは、昼日中からボタの上に男と寝て、みんなカボチャのような腹を突き出している。

野犬とネズミの巣になっている廃屋で、疥癬の手指をかいている。そんな絶望的な、無知な人間群を、画家は残酷なまでにえぐり出し、象徴的に描き出している。わずかに濃淡の茶褐色から浮かび出るピンクが、絵を見るものの心に一抹の救いをあたえてくれる。

これらに対して、〈しおり〉三一に見られる、木下孝則描く永井龍男の『皿皿皿と皿』の挿画の解説では、三宅正太郎の署名がない。内容的にも、色調や構図などには一切言及されていないため、これは三宅の執筆ではなかろう。

第四回配本『夏目漱石（一）』に話を戻せば、四ページ目には、「本巻挿画執筆者の横顔」として『それから』の高山辰雄、『行人』『こころ』の加山又造の略歴が記されている。そして高山辰雄は「漱石の心を大切に」という小文を寄せている。〈しおり〉の最終ページには、この挿画家の略歴と、挿画家自身の文章が載るのが定型となるのである。スペースも限られており、文章としては短いのだが、比較的率直な発言も多く面白いので、以下に執筆者の名前を列挙する。タイトルは概ね「さしえについて」というたぐいのものが多いので、省略する。

八回配本『現代詩歌集』近藤弘明、九回『井上靖』中村岳陵、一〇回『武者小路実篤』棟方志功、一一回『平家物語』羽石光志、一二回『島崎藤村（二）』林武、一三回『志賀直哉』小林和作、一四回『三島由紀夫』久保守、一五回『古事記・万葉集』真野満、一六回『石坂洋次郎』小磯良平、一七回『太宰治』麻生三郎、一八回『山本有三』福田豊四郎、一九回『林芙美子・円地文子』北沢映月、二〇回『石川達三』佐藤忠良、二一回『西鶴・

近松・芭蕉』奥村土牛、二二回『丹羽文雄』竹谷富士雄、二三回『竹取物語・伊勢物語・枕草子・徒然草』平山郁夫、二四回『室生犀星・堀辰雄』安西啓明、二五回『森鷗外』岩田正巳、二六回『井伏鱒二』硲伊之助、二七回『現代名作集』有島生馬、二八回『伊藤整・高見順』吉岡堅二、二九回『野間宏』浜田知明、三〇回『横光利一』井上長三郎、三一回『舟橋聖一』佐伯米子、三二回『尾崎一雄・上林暁・永井龍男』木下孝則、三三回『徳田秋聲・正宗白鳥』向井潤吉、三四回『椎名麟三・梅崎春生・武田泰淳』野見山暁治、三五回『佐多稲子・平林たい子・幸田文』中村貞以、三七回『中野重治』井上長三郎、三八回『大岡昇平』中本達也、三九回『佐藤春夫』森田曠平、四〇回『石川淳』鶴岡政男、四二回『谷崎潤一郎（二）』望月春江、四六回『井上靖（二）』上村松篁、四七回『安岡章太郎・吉行淳之介・遠藤周作』利根山光人、四九回『夏目漱石（三）』工藤甲人、五一回『庄野潤三・小島信夫・三浦朱門』藤松博

奇しくも、三宅の解説同様に、こちらも五一回配本の〈しおり〉を最後に姿を消す。ただし、四二回以降はこの連載の方は、多少休載がちになっている。五二回以降の挿絵担当者には竪山南風、小松崎邦雄、三谷青子などがおり、ぜひとも自作に関する発言を聞いてみたかったものである。

ところで、三六回配本の『永井荷風』には、当該記事がない。そのかわり佐野繁次郎の

「永井先生」というエッセイが〈しおり〉の冒頭一ページ目から二ページ目にかけて掲載されている。挿画の話などは全く出てこず、戦時中、先代羽左衛門の妹が女主人である新橋駅裏の（荷風の言い方では芝口の）金兵衛での、荷風との思い出話である。短いながらも、吉井勇、川尻清潭らも登場して、生き生きとしたスケッチに仕上がっている。金兵衛は本当に荷風の馴染みの店で『断腸亭日乗』にはしばしばその名前が見られ、昭和一八年九月九日の記事では、金兵衛で「清潭子と懇話す」などと記されている。清潭は荷風との交遊の厚い人物で「金兵衛の常連」でもあったから、〈しおり〉に記されているのがこの日の話と限定できるわけではない。

さて、この号の〈しおり〉には佐野の「永井先生」の後に、もう一つ塚本邦雄の「陶酔の韻」という文章が二ページ目から三ページ目にかけて掲載されている。エッセイ的な文章が二本掲載されるのは、このシリーズの〈しおり〉の形式が固定してからは極めて異色である。分量から考えて、塚本の「陶酔の韻」の方が巻頭エッセイで、佐野の文章は、本来は四ページ目に回るはずのものであったが、文章も長く、かつエッセイとしての面白さもあったから、急遽巻頭に回されたのではなかろうか。

四一回配本『谷崎潤一郎』の〈しおり〉の小倉遊亀「細雪の挿絵をかいて」も佐野の場合と同様に、本来は「挿絵について」の項目のために執筆されたのかもしれない。今回は小倉の文書を受けるような形で、山口久吉（当時、サントリー美術館事務局長）の「谷崎さんと小倉さん」の文章が置かれ、二編のエッセイで見事につながってる。また四四回配本『川端康成（二）』は、木谷実のエッセイ「川端先生の碁」が川端の棋譜などを掲げて多くの紙幅を要したための体載であろう。

五、扉の前に誰かいる

〈しおり〉で予想外に紙幅を費やしてしまったが、本冊の検討に戻ろう。

第二節で第四四巻『川端康成（二）』の例で見たように、この叢書は口絵写真として作家の近影を掲げるのが一般的であった。もちろんすでに物故した文豪などもいるわけであるから、第一〇巻のように津田清楓の描く漱石（則天居士）と弟子たちの姿であったり、第三四巻のように太宰治の遺影と著書を組み合わせた写真であったりすることもある。また『現代名作集』のように、多数の作家を収録する場合は、『たけくらべ』の一場面を巻頭口絵に持ってくることもある。古典文学作品の時は、『源氏物語』では国宝源氏物語絵巻（上巻では柏木巻、下巻では宿木巻）を使用したり、第五巻『平家物語』では安田靫彦の描く義経と頼朝の対面の黄瀬川の陣の図であったりする。これら絵巻の場合は、構図の関係から判型に収まらず、折り込みとなったりするが、それでも扉の後に口絵がくる位置関係に変更はない。

ところが、このシリーズでは、扉の前と後に口絵が重複する巻がごく少数あるのである。第四三巻『谷崎潤一郎（二）』（第四二回配本、七〇年八月）では、他巻同様に、扉の後に作家の写真が配されているのであるが、扉の前にももう一枚口絵があって、森田曠平の描く「蘆刈・お遊さんの肖像」が置かれているのである。つまり、〈扉の前に誰かいる〉のである。

実は、前月配本の第一四巻『谷崎潤一郎』（第四一回配本、七〇年七月）でも同様のことがあり、扉の後には本シリーズの監修者でもある安田靫彦の描く谷崎の肖像画が、扉の前では挿画担当の小倉遊亀の描く旧蒔岡家の船場の店舗の口絵が、それぞれ配置されているのである。シリーズ全体の構成を多少乱す結果となっているが、これも、カラー挿画入りを標榜したこのシリーズならではの御愛嬌であろう。

もちろん、全五七冊（当初は全三八冊別巻二冊の予定、続巻として一七冊が追加）のうち、こうした形のものは、ごく一部にとどまる。その例をすべて挙げておく。

第一一巻『島崎藤村（二）』（第一二回配本、六七年一二月）では、扉の前に林武の〈夜明け前の恵那山〉、扉の後に島崎鶏二の〈「夜明け前」完成時の藤村〉の絵がある。四〇巻

『森鷗外（二）』（最終回配本、七一年一二月）では扉の前に真道黎明の描く〈生田川〉が、扉の後には榎本良介の撮影になる〈著者写真〉が、それぞれ置かれている。第一八巻『芥川龍之介』（第六回配本、六七年六月）でも口絵は二枚であるが、ここでは小穴隆一の〈芥川龍之介像〉も小磯良平の〈羅生門〉も二枚とも扉の後である。製本の際の綴じ誤りなどではないかとも考えられるので、同じ巻を数冊確かめてみたが、変化はなかった。因みに、本稿をなすに当たって全冊調査の対象としたものは、太田房江元大阪府知事の旧蔵本で、現在は福岡女子大学の図書館の所蔵である。

口絵が二重にある巻冊の刊行時期などに偏りが見られれば、編集方針の変化ともとれるが、初期（六回配本、一二回配本）から、続編の第一回配本『谷崎潤一郎（二）』、全体の最終回配本まで点在していることから、そうしたことでもあるまい。おそらく、挿画として描かれたもののうち、枚数や挿画の位置の全体のバランスの問題などから、作品中に挟まれるのではなく、扉の前後に回されたものであろう。従って、本冊巻末近くに掲載されている〈本文カラー挿画・説明〉では「羅生門（口絵）」「夜明け前の恵那山（口絵）」「旧幕時代からの由緒を誇る船場の店舗（口絵）」「お遊さんの肖像（巻頭口絵）」「生田川　死を決意して家を出る蘆屋処女（口絵）」などと題して、本文挿画同様に説明がなされている。

最後に、この〈本文カラー挿画・説明〉の執筆者について一言触れておこう。この項目は無署名であるので、執筆者は不明である。ただし、唯一の例外として、第八回配本『現代詩歌集』(別巻第二巻)がある。この冊のみ「三宅正太郎」との署名があるのである。こうした場合、三宅が全体を執筆して、無署名で通す形式であったものが、たまたまこの冊のみ署名が表に出てしまったと考えるのが一般的であろう。上述したように、挿画の中から一枚か二枚を選び、〈しおり〉で卓越した解説をしていたのが三宅その人であったことなどを考え合わせれば、当然の帰結かとも思われる。

しかし、稿者はその立場をとらない。論拠は二つある。一つは、他巻が「本文カラー挿画・説明」とあるのに対してこの冊のみ「口絵・本文カラー解説・説明」と微妙にタイトルが異なることである。鷗外(二)、芥川、藤村(二)、谷崎(一)のように、扉の前や後に口絵が二重にある巻であっても、巻末の解説は「本文カラー挿画・説明」で一貫しているのに、本冊のみタイトルに「口絵」「解説」と記されている。これは、この冊のみ担当筆者が異なる故の相違であると推測できる。

二つ目は、こちらがより大きな論拠であるが、文体の相違である。三宅の名前が明記される「口絵・本文カラー解説・説明」から二つ引用してみよう。

草野心平(口絵)

まひるの静かな野に、大きな白い花、赤い花、黄色い蝶、紫の蝶。花のうしろにかくれた黒っぽい山の端。「ぐるりいちめん花はさき　ぐるりいちめん蝶は舞ひ」と「富士山」の中で草野心平は歌っている。詩人のヴィジョンの巨きさに、この絵の展望の大きさがこたえている。

立原道造

黄色い、まあるい月が中空にかかっている。青と紫と黄とピンクの短い色線が交差する明るい空だが、これは灯火の窓から眺めた高原の夜空のようだ。月と花と、そして風と夜とを立原は四季の高原で歌いつづけたが、それは死へと急ぐかのような寸刻の時間にすぎなかった。美しい叙情の自然詩を、画家はすがすがしい淡彩で描き出している。

このように、構図や色調にも言及しつつ、作品世界をいかに画家が再現しているかを説き明かすのが三宅の解説である。それは四節で見た、〈しおり〉の解説方法とも完全に一致する。これに対してそれ以外の巻冊ではそうした傾向が看取されない。『現代名作集』の例を挙げてみると、両者の相違がはっきりとする。

たけくらべ・美登利（口絵）

時雨のふるある日、大黒屋の門の前で、鼻緒を切って困っている者があった。美登利はそれを見て、友禅ちりめんの切れ端を持ち、門のところまで出てきた。しかしその少年が龍華寺の信如であると知り、美登利の胸は激しく動悸するのであった。

五重塔・のっそり十兵衛

嵐の夜、五重塔にのぼって、カッと目をみひらいた十兵衛は、手に六分鑿をつかんでいた。自分の建てた塔がもし倒れるようなことがあれば、この鑿で死のうという覚悟であった。

三宅の署名入りの解説が、文学と美術の架け橋であったのに対して、こちらの解説はあくまで作品内説明に終始していることは自明であろう。したがって「本文カラー挿画説明」の部分は三宅の執筆ではないということになる。

ともあれ、美術監修に安田靫彦と梅原龍三郎を戴き、全巻の帯に「画壇の巨匠を総動員文学と美術の饗宴」と記した、カラー版『日本文学全集』は、〈しおり〉の三宅正太郎の的確な解説なども相俟って、見事に文学と絵画の融合を成し遂げたのであった。

（追記）

二節で述べた佐野繁次郎の装丁については『佐野繁次郎装幀集成　西村コレクションを中心として』（みずのわ出版、二〇〇八年一一月）で、代表的なものを簡単に見ることが出来るようになった。

三節で述べた『現代名作集』所収の鏑木清方の原画は、最近、鏑木清方記念美術館「『観る・読む・描く』鏑木清方と文学―硯友社を中心に―」展（二〇一四年五月～六月）で展示された。

四節で述べた金兵衛の女主人こと、原田ふみさんが、店舗を強制疎開で失った後、仙台の親戚のもとにいたことが、相磯凌霜著・小出昌洋編『荷風余話』（岩波書店、二〇一〇年）で言及されているが、最晩年は一七代目中村勘三郎の家に身を寄せていたことが、少年時代の中村勘九郎（一八代目勘三郎）によって記憶されている（『勘九郎日記「か」の字』集英社、二〇〇四年）。

小倉遊亀の『細雪』の挿画の原画は、出身地の滋賀県立美術館の所蔵となり、常設の小倉遊亀コーナーで随時、展示されている。

五　誤解から視界が開ける

はじめに

『名書旧籍』というタイトルで、かつての名著や、昔読んだ本について、小文を書いてみようと思う。放埓にならないように、繰り言にならないように、統一テーマを設定したいと思っている。今回は「ゴカイからシカイが開ける」というテーマを考えてみた。

ビルやマンションでも、二階三階はそれほどでもないが、五階ぐらいまで昇ると視界が開ける、という意味だけではない。もちろん、ゴカイ（沙蚕）を持ってシカイ（死海）に釣りに行くという話でもない。死海には魚はいないと言われている。人は様々な誤解から、知らず知らずのうちに新たな視点を身につけることがあるという意味の、「誤解から視界が開ける」という意味である。前口上はこれくらいにして、最近の体験から始めよう。

一、『ノルウェイの森』から『南海の美少年』へ

僕は五十八歳で、そのときボーイング七六七のシートに座っていた。……

東京から福岡に向かう空路は、羽田空港を飛び立ったあと、向きを北に変え、富士山の東側をかすめるように上昇する。ワタナベがハンブルグ空港に向かった時の、ぶ厚い雨雲もなく、十一月の澄み切った空気の中を、一旦視界から消えた富士が、再度左前方から近づいてくる。上り便からは富士山の姿は遥か遠くに一度見えるだけだが、下り便では間近に二度見ることが出来る。下り便の左側の席は、値段を高くしても良いぐらいだ。これが本当のマウントビューだが、空の上から見る時は、オーシャンビューより価値がある。雪を広く戴いている富士の姿は、フランドル派の絵ではなく、やはり横山大観の世界そのものであった。やれやれ、それにしても、今月何回目の富士山か、と僕は思った。

飛行機が上昇を完了し、水平飛行に移ってシートベルト着用のサインが消えたころ、耳許のイヤホンから小さな音で音楽が流れはじめた。それは機内オーディオの六チャンネルから聞こえてくる橋幸夫の『南海の美少年』だった。四十数年ぶりに聞くそのメロディーは僕を混乱させた。といっても、激しく僕を混乱させ揺り動かした、というほどのことで

はない。頭がはりさけてしまわないように身をかがめて両手で顔を覆うということもなかったし、ドイツ人のスチュワーデスがやってきて、気分がわるいのかと英語で訊くこともなかった。当たり前だ、これは国内線だ、ドイツ人のスチュワーデスは元々いない。……

敬愛する村上春樹へのオマージュのつもりのパロディであるが、ちょっとおふざけが過ぎたと思われる向きは、お許しいただきたい。

二〇一〇年の晩秋、羽田発福岡行き便の機中で、『南海の美少年』を聞いたのは事実である。そしてその瞬間に、半世紀近く前の様々な読書体験を思いだして、多少頭が混乱したことも。

橋幸夫の歌の特徴は、少し鼻にかかった声と、極めて明瞭な発声にあった。今で言うとポルノグラフィティのボーカル岡野昭仁の歌い方にやや近いものがあると言えようか。一度聞くと歌詞の内容がはっきりと頭に残るのである。最近でも、名画座系の映画館で、山中貞雄とマキノ雅弘の時代劇特集があった時、『人情紙風船』などとともに、森繁久彌と山田五十鈴の『人生とんぼ返り』を見たのは、殺陣師段平を歌った橋の『殺陣師一代』が記憶にあったからである。

さて、話を『南海の美少年』に戻すが、これは天草四郎時貞の悲劇の生涯を歌ったものである。橋のはすっぱな（洒落ではない）口調のため、天草四郎が、潮来の伊太郎か佐久の鯉太郎の舎弟のように聞こえる向きもあるが、第二節の、島原の原城跡を「神の砦」として立てこもるくだりなどは、胸が熱くなる思いであった。

子供の頃愛読していたシリーズに、講談社の『少年少女日本歴史小説全集』というのがあった。大佛次郎・吉川英治・和歌森太郎の三人が監修で、書目のラインナップがすばらしく、類書の中でも群を抜いた面白さであった。吉川英治の『少年太閤記』が収録されていることで十分にこのシリーズの面白さが窺えよう。私自身は、太田黒克彦の『千早城の旗風』が最も愛読したもので、韋編三絶どころではなく、繰り返し読んだ記憶がある。今でも、和歌の縁語と掛詞を説明する時に、マクラに如意輪堂に刻んだ楠正行の辞世を使うほどである。『太平記』から引用しているような顔をしているが、なんのことはない、小学生以来の記憶が根源にあるのである。

さて、この『少年少女日本歴史小説全集』の第一三巻に、『南海の快男児』というのがあって、橋幸夫の歌が頭にあった少年は、早速飛びついたのである。『南海の美少年』と『南海の快男児』とはタイトルが違うのだが、小さな事にこだわらないのが子どもというもの、というより、慌て者の私が、勝手に二つを同じものと誤解をしたのである。

後述する如く、この手の誤解は私には多く、太宰治風に言うと「誤解の多い人生を送ってきました」ということになる。

喜んで購入したものの、天草四郎の話とは全く別物であった。瀬戸内海の海賊が、東シナ海から、中国南部、ルソン島までを舞台に活躍する冒険活劇であった。源義経とか楠正行とか武田信玄とか、歴史上の人物の勇敢な戦いの話や、悲劇の主人公の話が好きだったから、最初から内容を知っていたら、恐らく手に取らなかった本に違いない。天草四郎の話と誤解をしたからこそ購入したのである。しかし、見当違いの本であったから読まないようなもったいないことはしない。第一、買って貰える本には限りがあるから、とりあえずしばらくはこの本を読んで次の機会を待たなければいけない。本を買ったら、中身を繰り返し読むのは当然で、解説も巻末の広告も、後には挿入のチラシまでも、まるで魚の骨までしゃぶるように読むのが、私に限らず、当時の本好きの子どもたちだったのではないか。

さて、『南海の快男児』は、母方の実家と同姓の越智庄吾忠有という人物が活躍する物語であったし、大三島とか伯方とか、耳に馴染みのある地名が冒頭から出てくることもあって、面白く読むことが出来たのである。そして、その後念願かなって、同じ『少年少女日本歴史小説全集』の一冊である『少年天草四郎』を読んだのである。こちらは、『燈台鬼』の作者の南條範夫らしく、キリシタンを拷問する場面とか、刑罰の場面などの不気味さもあるが、子ども向けに抑制した表現で見事にまとめている。

二、『黄金の十字架』から『少年天草四郎』へ

飛行機の中で、私の頭が多少混乱したのは、すっかり忘れ去っていた『南海の美少年』という歌を突然聞かされて、少年時代の記憶が一挙によみがえったからであった。テレビ東京などがお得意の昭和歌謡史などの番組で聞いたのでは、それほどの衝撃ではなかっただろう。イヤホンを通して、耳許で聞かされることにより、脳裏に直接届いたような感覚がしたのである。

長い間自分自身で疑問であったのは、いかに慌て者の私であっても『南海の快男児』と『少年天草四郎』が並んでいたら、『南海の美少年』と『南海の快男児』を混同することはないだろうに、ということであった。偶々本屋になかったのだろうかなどと考えていたのだが。はるか後年、巻末広告を見ているうちに気づいたことがある。

この『少年少女日本歴史小説全集』は全二〇冊なのだが、『南海の快男児』の巻末広告には、『少年天草四郎』の名前はないのである。実際に刊行された『少年天草四郎』は第一六巻で、第一五巻『風雲関ヶ原』と第一七巻『少年忠臣蔵』の間にある。ところが、『南

海の快男児』の巻末広告では、『風雲関ガ原（表記の違いは後述）』と『少年忠臣蔵』に挟まれた第一六巻は『黄金の十字架』となっているのである。しかも第一六巻は未刊であるから、書名だけで、作品内容など記されていない。このタイトルなら、黄金バットか何かを連想しても仕方がない。かくして慌て者の少年は、南海の美少年≒南海の快男児＝天草四郎と誤解したのである。

実は、〈黄金の十字架〉とは、少年天草四郎が、大矢野島の宮津にいたころに偶然掘り当てたもの。『少年天草四郎』八六・八七ページの石井健之の挿絵にはこの場面が描かれている。最後まで、この物語の重要な小道具の一つで、原城が落ち、島原の乱が完全に鎮圧された後も、全国のキリシタンたちが弾圧されながらも信仰を守ったことを、「かれが原城の礼拝堂の下におうごんの十字架（「クルス」とルビがある、以下同）をうめたとき、かれは、全国のかくれているキリシタンたちの心の底に、強い信仰を植えつけたのである」（一四六ページ）と書いている。そして南條範夫は、この書物の最後を、「諸君が、もし、島原に旅行して、原城あとをたずねてみることがあったならば、……また、諸君が、気まぐれに、そこらの土や石をほりのけてみるならば、どこからか、ひょっと、あの四郎のうめたおうごんの十字架が、出てくるかもしれないのである」と結んでいるのである。従って、この『黄金の十字架』で予告されていた作品こそが、『少年天草四郎』として刊行されたものである。それは、『南海の快男児』の刊行から六か月後のことであった。

ちなみに、『南海の快男児』の巻末広告に出ている書名と、実際に刊行されたものとを比べてみると、他の巻冊にも相違が見られる。それらを一括して挙げておく。

第三巻『熱血の皇子』→『熱火の皇子』。第四巻『大仏開眼』→『天平の少年』。第五巻『遣唐船物語』→『遣唐使物語』。第一一巻『落花の雪』→『千早城の旗風』。第一五巻『黄金の十字架』→『少年天草四郎』。一八巻『疾風千石船』→『幻のオランダ船』、一九巻『幻のオランダ船』→『海援隊長（角書き）坂本龍馬』、二〇巻『幕末の嵐』→『南洲西郷隆盛』。これ以外に『風雲関ヶ原』も当初は「ケ」が「ガ」の字であったが、これは書名の相違とは取らない。

第三巻や第五巻は「熱血」→「熱火」、「遣唐船」→「遣唐使」という、ささいな一文字だけの相違である。一方、一八・一九・二〇巻は、巻を超えて書目が移動しているから、もう少し複雑な事情がありそうだ。愛読書の『千早城の旗風』も、当初は『落花の雪』というタイトルだったのだ。この方が『太平記』らしさは出るが、少年には改められたタイトルの方が魅力的であろう。面白いのは、第四巻である。

このシリーズの中で最もよく知られている一冊を挙げれば、産経児童出版文化賞を受賞した福田清人の『天平の少年』であろう。『クロニック講談社の八〇年』（講談社八〇年史編集委員会、一九九〇年。二〇〇〇年には、増補版の『クロニック講談社の九〇年』が刊行される。）三三六ページの「一九五四―一九七一の発行書籍一覧」の書影にも、上から三段目に、このシリーズを代表して『天平の少年』の書影（受賞の帯付き）が掲げられている。この有名な作品も、企画当初は『大仏開眼』というタイトルだったのである。もとのタイトルなら、少年少女の広い支持を得られたかどうか、ひいては産経児童出版文化賞に至ったかどうか、不思議な思いがする。

ちなみに、『少年少女日本歴史小説全集』は四六判紙函入り、全体の装丁は梁川剛一が担当している。一九五七年から刊行が始まり、『南海の快男児』は、第六回配本として、同年一二月に刊行されている。いずれにせよ、読書の海原に向けて、誤解から視界が開けたのであった。

三、『女学生』から『女生徒』へ

小学校の終わり頃、偕成社の『少年少女現代日本文学全集』というシリーズを愛読していたが、その中のどの作家を読むかと言うことは、決して自主的な選択ではなかった。私は、現在に至るまで散文や小説を好んで読んでいて、立原道造など一部を除いて、詩の良い愛読者ではないのだが、例外的に、高村光太郎は、この全集で読んでいた。それは、東京オリンピックの頃、二代目コロムビア・ローズの歌った『智恵子抄』という歌謡曲の歌詞に惹かれたからである。映画やテレビドラマがきっかけで本を読むと言うことは多かったが、『智恵子抄』の場合は、一九五七年の原節子・山村聡の映画はさすがに見ていないし、一九六七年の岩下志麻・丹波哲郎の映画はもう少し後になる。ラジオやテレビでも何回か制作されているらしいが、その記憶もない。「見てから読む（か）」というのは角川映画のコピーであったかと記憶するが、私の高村光太郎入門は、「聞いてから読」んだのである。それでも、丘灯至夫の歌詞は『智恵子抄』の中の「あどけない話」をうまく生かしていたから、原典への良い道案内ともなった。今に至るまで、変則的なファンで、高村光太郎の全集を読むわけではないが、『智恵子抄』だけは、龍星閣の安価な版を何種類か持っている（多くは、横浜にあった浪漫浪人堂という古本屋さんから分けて貰ったものだ。このところお休みであるが、とてもセンスのある、洒脱な目録だったから、また復活して欲しいものだ）。『智恵子抄』というタイトルを避けて『レモン哀歌』という書名で集英社文庫から光太郎詩集が出ても、目くじらを立てることなく、今はこのネーミングの方が読まれるのかと感心して、林静一のカバージャケットにも惹かれて購入したりする。佐藤春夫『小説智恵子抄』は署名本で読んだし、光太郎が福永武彦に送った葉書を求めるなど、やや病膏肓に入るの感もある。もちろん、変則という筋は外れないようにして、近時市場に出始めた智恵子の切り絵のような高額な資料は、目録で楽しむ範囲をしっかりと守っている。

この偕成社の『少年少女現代日本文学全集』では、芥川龍之介、菊池寛、山本有三など多くの作家を読んだが、太宰治と初めて出会ったのもこのシリーズなのである。

この話は別の場所で書いたので（『日本古書通信』二〇一〇年一二月号「誤解から始まる読書」本書所収）、なるべく重複しないように心がけるが、コロムビア・ローズの『智恵子抄』と同じ頃、安達明という歌手の『女学生』という歌も良く耳にする歌謡曲であった。当時は、いわゆる青春歌謡の全盛期で、橋幸夫・舟木一夫・西郷輝彦の御三家を筆頭に、三田明・梶光夫・安達明などが御三卿よろしく、御三家を囲繞していた。安達明のもう一つのヒット曲『潮風を待つ少女』などを思い出すと、いまでは海の向こうを見ているのは『東京島』の清子さんだから、随分時代は変わったものだと思う。さて、安達明の『女学生』が耳に残っていた頃、書店でこの『少年少女現代日本文学全集』の一冊に『女学生』という作品が収録されているのを発見した（と思った）のである。正しくは、『女生徒』であるのだが、『南海の美少年』と『南海の快男児』を間違えるぐらいであるから、これぐらいの混同は、私にとっては良くあることなのである。

早速、『女生徒（買う段階ではまだ、安達明の歌と混同していた）』が入った『太宰治名作集』を購入した。太宰治という名前は、その時初めて目にしたように思う。読み始めてみたものの、現代の女学生ではないから、薄紫色の藤棚も、赤いカバーのテニスラケットも出てこない。戦争中の女生徒の話だったのである。それでも、カアとジャッピィの二匹の犬をめぐるエピソードからぐいぐいと引きずり込まれて、一挙に読んでしまった。それまで読んでいた歴史小説全集のたぐいでは、波瀾万丈の展開、勇敢な登場人物、物語の悲劇性などが魅力であったから、話術の面白さで作品世界にのめりこんだのは初めての経験だったのである。

それにしても、あらためてこの偕成社『少年少女現代日本文学全集』版の『太宰治名作集』を読み返してみると、編集のうまさに舌を巻く思いがある。取り上げられている作品は以下の通りである。『思い出（抄）』『猿が島』『富嶽百景』『女生徒』『畜犬談』『おしゃれ童子』『走れメロス』『清貧譚』『佐渡』『正義と微笑（抄）』『津軽（抄）』『トカトントン』と並ぶ作品は、正に太宰治入門編とも言うべき書目で、ここでは見事に『斜陽』も『人間失格』も『ヴィヨンの妻』も除外されている。「少年少女」という限定付の文学全集であるから、当然と言えば当然だが、実に巧みな書目選定がなされている。

これが偶然ではなく、隅々まで目の行き届いた編集作業の結果であることは至る所に見出される。たとえば、口絵写真には作家の肖像写真と共に、代表作の書影や原稿の写真が掲げられるのが普通だが、全四ページの口絵写真の中で、書影は『女生徒』、原稿は『正義と微笑』の冒頭部分である。『斜陽』や『人間失格』の書影はない。結婚当初の太宰夫妻や、長女・次女と一緒の太宰の写真はあるが、小山初代や山崎富栄の姿はない。「その他の作品紹介」の項目には、さすがに『斜陽』『人間失格』は挙げられているが、同時に、『魚服記』『駈込み訴え』『東京八景』『新釈諸国噺』など、入門編に続く初級編の作品が多く挙げられている。それでは、少年少女たちから、『人間失格』の太宰治を上手に隠すことが狙いであるかというと、そうではない。

このシリーズは、冒頭に、その巻冊の編集者（解説と鑑賞の担当者であることが多い）が「はじめに」の文章を寄せている。『太宰治名作集』の場合は、やはり第一人者奥野健男が担当している。奥野は、「太宰の文学は……模範道徳の文学ではありません。その実生活は不道徳のようなかたちをとっています。けれど太宰は、人間のデカダンス(退廃)、あるいは弱さ、欠陥を通して、ふつうの人間の考えない、もっと先の真実を追っているのです」と述べた後、最後に次のように文章を結んでいる。

この本は、それらの点を十分に考慮に入れて、とくに少年少女にむいている作品をえらびました。この作品集を読まれた読者は、二、三年後には太宰の全作品を読まれるよう、私は強く期待します。それはあなた方を真に人間的なものに導いてくれるにちがいありません。

これは、このシリーズの決まり文句や定型表現ではない。他の巻冊では、「芙美子の文学がどういうものかを、みなさん、本書をよく味わって下さい」（板垣直子、林芙美子名作集）「この本には、それら有三文学の一部の作品しか取りあげられませんでしたが、少年少女のみなさんには、これらの作品の中から、今日の時代に生きていく心と力を学びとっていただけることとおもいます」（滑川道夫、山本有三名作集）「この本には、木下氏の大きな業績のうちのごく一部しか収められませんでした。しかし……作者にみちびかれて、遠い祖先の心にも、現代の社会の様相にもふれることになるでしょう。この一冊の本のなかみには、そんな豊かさがあるのです」（越智治雄、木下順二名作集）などと述べられている。

『太宰治名作集』の場合は、編者の奥野健男が、少年少女が太宰文学と出来るだけ穏やかな出会いをして、少しずつ少しずつ、太宰文学の深奥に迫って貰いたいという、祈りのようなものが伝わってくるといえようか。「二、三年後には太宰の全作品を読まれるよう、私は強く期待します」という表現は、そうした思いが凝縮されたものである。

『女学生』と『女生徒』の勘違いがあったとはいえ、この奥野健男の『太宰治名作集』によって、私は太宰文学と最も幸運な出会い方をしたのである。

四、偕成社版『少年少女現代日本文学全集』

以降、偕成社の『少年少女現代日本文学全集』は、益々私の愛読書になっていったが、ここでこのシリーズについて、書誌的事項を簡単に補っておこう。

監修は川端康成・佐藤春夫・高橋誠一郎・久松潜一、編集委員は滑川道夫・福田清人・吉田精一。菊判、紙函入、本冊にビニールカバー付。函と表紙の装丁は池田和邦。挿絵とカットは巻冊によって異なる。一九六三年から、六五年にかけて刊行されたが、刊行途中で大幅に増補された。六三年の配本開始時点では全二四巻であったが、後に増補されて、六五年に完結した時は全四〇巻であった。

当初の巻序の概略は、一鷗外、二独歩、三藤村、四漱石、五続漱石、六八雲、七啄木、八白秋、九有島、一〇武者、一一志賀、一二芥川、一三菊池、一四有三、一五春夫、一六賢治、一七譲治、一八川端、一九太宰、二〇壺井、二一靖、二二湖人、二三梧堂・鳩十、二四現代詩、である。増補にあたって変更があったのは第二三巻で、椋鳩十の単独収録と

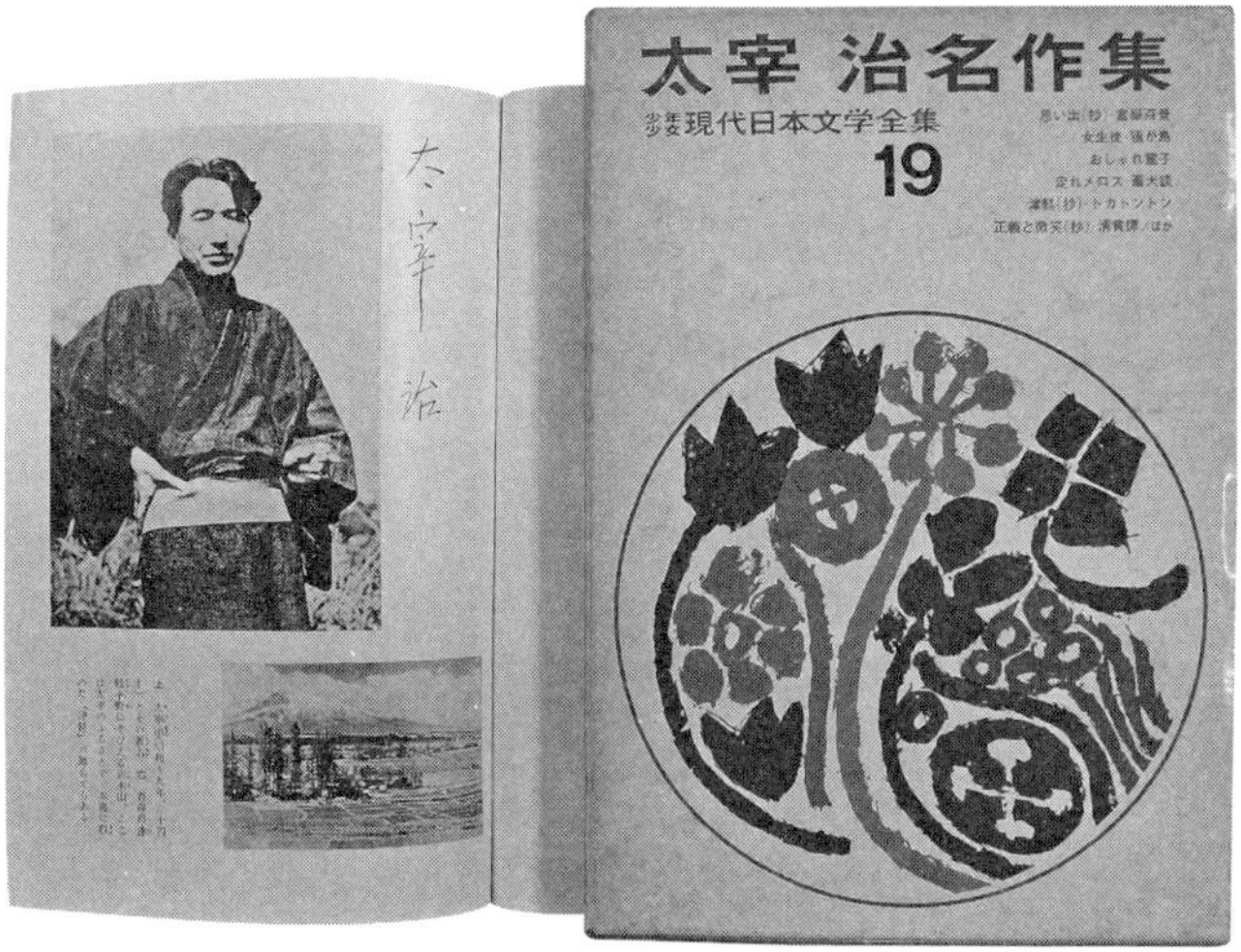
太宰治
太宰 治名作集
少年少女現代日本文学全集
19
思い出(抄) 富嶽百景
女生徒 猿ヶ島
おしゃれ童子
走れメロス 畜犬談
津軽(抄) トカトントン
正義と微笑(抄) 清貧譚/ほか

続夏目漱石名作集
2
●小・中学生むき
必読の日本文学
日本人の心の糧 小・中学生必読の書
少年少女現代日本文学全集

なり、中西梧堂は、第四〇巻に独立する。また、第二四巻は「現代詩名作集」が「現代詩歌名作集」と書名の変更がある。それ以外の増補は、二五寅彦、二六三重吉、二七未明、二八続芥川、二九続有三、三〇光太郎、三一犀星、三二廣介、三三大佛、三四堀、三五続賢治、三六井伏、三七芙美子、三八洋次郎、三九順二である。当初の二四巻は極めてオーソドックスな人選で、増補された結果、児童文学に手厚くなり、一冊にするのは窮屈であった芥川や山本有三などは第二分冊が入っている。愛読書の高村光太郎も林芙美子も増巻の部分に入っているのであるが、これはテレビドラマや映画や、ひょっとすれば歌謡曲などの影響があるのかもしれない。

少なくとも、没後一〇年以上たって少年向けの文学全集に林芙美子が収載されるのは、一九六四年から六五年にかけてのＮＨＫ朝の連続テレビ小説『うず潮』の評判が支えたことは間違いないであろう。私自身、このドラマを見て『林芙美子名作集』を手にしたのであるから。ちなみに、第三七巻『林芙美子名作集』は、一九六四年七月の出版、続巻の中ではいち早く刊行されたものである。巻序の早い二五寅彦、二六三重吉、二七未明、三一犀星、三二廣介、三四堀、三五続賢治などは、翌年の出版である。もちろんこれはテレビドラマ『うず潮』人気によって前倒しされたものであろう。当時の朝の連続テレビ小説の視聴率や人気は大変なものがあって、子どもの私も『おはなはん』を見て小野田勇という名前を覚えたほどである。さて、三つ子の魂というか、本に飢えていた当時の子どもは解説を隅々まで読んでいたから、『林芙美子名作集』の解説の「人と文学」の二八〇ページには夫の手塚緑敏のことにも言及され、芙美子をかげで支えていたこと、心臓発作で急死した時も最期を看取ったことなどが、永く記憶に残っていた。それゆえ、芙美子の葬式で弔辞を読んだ川端康成の全集の手塚緑敏宛献呈本が古書店に出た時は、迷わず購入したのであった。

偕成社版『少年少女現代日本文学全集』は、一九六五年に全巻完結する。それから四年後の六九年から七〇年に掛けて、再度二四巻で刊行されている。巻冊数は同じだが、これは六三年刊行開始時の二四巻が再刊されたのではない、六五年に完結した四〇巻から二四巻を選んで、巻序も一部入れ替えての刊行である。それにしても、六〇年代から七〇年にかけては、子どもを取り巻く環境も大きく変化し、価値観も変動した時代であるが、それらを乗り越えて、復活を求める声が強かったのであろう。それだけ、息の長い全集であったのである。

今回の版の、概略だけ示しておく。一漱石、二続漱石、三芥川、四鷗外、五藤村、六賢治、七啄木、八八雲、九有三、一〇壺井、一一志賀、一二湖人、一三有島、一四武者、一五白秋、一六未明、一七川端、一八芙美子、一九石坂、二〇譲治、二一太宰、二二鳩十、

二三靖、二四現代詩歌名作集。四〇巻と比べると、相対的に児童文学の比率が高くなっているこ とに気がつく。概ね妥当な選択と言えようが、『菊池寛名作集』は、初期の作品に見られる明解なテーマ設定が、こうした全集にぴったりであっただけに、姿を消したのは惜しまれる。私はかつて群馬県立女子大学というところに勤務していたが、大学の近くには国定忠治ゆかりの家鴨塚があった。それでも国定忠治と聞いて真っ先に思い浮かぶのは、『忠治旅日記』でも『赤城の子守歌』でもなく、少年時代に読んだ菊池寛の『入れ札』なのである。さて二四巻版は、基本的に、六五年版(完結時点)の再編であるから、内容は変わらないが、それでもカラー口絵を加えるなど、装丁を変え時代に合わせた手直しがなされていた。

結局このこの全集は二四巻でスタートし、四〇巻に増巻され、再度二四巻に圧縮されているのである。それはそのまま、児童文学の市場の拡大と縮小を反映しているのであろう。猶上述したごとく、当初の二四巻と、最終形態の二四巻とは全く違うものなので注意が必要である。一つだけ追加しておけば、当初の二四巻も、スタート時点の計画と刊行されたものは細部に違いがある。たとえば、第一八巻『川端康成名作集』は当初『山の音』の一部が再録されるはずであったらしい。この作品のどの部分を少年向けに切り出すのか興味があるところであるが、最終的には無難な『古都』と差し替えられた。『川端康成名作集』

の初版（六三年一二月）では、巻末の刊行予定書目の中に、実際には所収されなかった『山の音（抄）』の名前が残るという面白い現象が見られる。

五、『花咲く乙女たち』を求めて

橋幸夫を含めた元祖御三家の中で、抜群の歌唱力を持っていたのは舟木一夫であった。松山善三の浪漫性溢れる長編叙情詩に、船村徹がアップテンポからスローバラードまで実に様々なメロディラインを駆使して曲を付けた、意欲的かつ先鋭的な作品の『その人は昔（厳密には「その人は」と「昔」の間に一字分のスペースが入るが省略する、以下同）』など、この人の歌唱力があって、初めて成り立ったものだ。『その人は昔』は「こころのステレオ」という副題のＬＰレコードが最初に作成された。これを受けて東京映画により映画化、さらには映画に触発されたながやす巧（まだ『愛と誠』で大輪の花を咲かせる以前である）のコミックなどもあった。ながやすのコミックが講談社のＫＣコミックスに入ったのは、映画公開から約一〇年後の一九七四年のこと、さらにそれから四半世紀後（映画やＬＰからでは三〇年以上後）の一九九八年に、双葉社の『日本漫画家大全』でＡ五判の大判で再刊されたのは、『その人は昔』という作品の息の長さと、不思議な魅力を示している。映画『その人は昔』もすばらしく、松山善三自身がメガホンを取り、極寒の北海道から東京への、見事なカメラの切り替えが鮮やかだったし、『父と子　続名もなく貧しく美しく』に続いて内藤洋子の可憐さをスクリーンに定着させたのは、『あこがれ』『伊豆の踊子』の恩地日出夫以上であるかもしれない。その映画も忘れがたいものであるが、個人的には宇野重吉のナレーションが入るＬＰレコードが最も気に入っている。幸いＣＤで復刻もされている。そういえばレコードのあとがきの部分に（ＣＤには再録されていない）、人気がある故に舟木一夫は「その歌唱力を正当に評価されたことがない不幸者」と記されていた。

舟木一夫の歌が人気を呼んだのは、本人の歌唱力が第一であるが、背景となる演奏の巧みさも大いに寄与していたのではなかろうか。特に、イントロにあたる部分に様々な工夫が凝らされていた。昭和歌謡史に残る『絶唱』や『夕笛』は、大正琴や横笛が効果的に使われていたし、舟木自身の口笛から入る『哀愁の夜』などその代表格であろう。ほかにも、クラリネットに導かれる『北国の街』も良かったし、オーケストラからトランペット奏者が立ち上がってソロを取る『高原のお嬢さん』の冒頭も実に印象的であった。そうしたものの一つに、マリンバの軽快なメロディが先導する『花咲く乙女たち』があった。この曲を聴いて、当然、マルセル・プルーストの世界へと誘われるはずであったのであるが……。

『花咲く乙女たち』が歌われていた小学六年生の頃、私のひいきの文庫は新潮文庫であった。岩波・角川・新潮（五十音順）のいわゆる文庫御三家（また御三家だ！）の時代だったが、本屋に並んでいる岩波文庫は、グラシンが焼けていて何となく古くさい印象で（それが書店の買い取り制と関わることはまだ知らなかった）、角川文庫に夢中になるのは洋画の原作を耽読した高校生以降である（田坂「『映画で楽しむアメリカ文学』を読む」『文芸と思想』六四号）。その当時、一番波長が合ったのが新潮文庫であった。といっても、お小遣いに乏しい少年が、文庫を次々と買うことができるわけではない。そうした場合、何よりも嬉しかったのは文庫の解説目録であった。当時の目録の解説文は、数行でその作品の世界を見事に再現させたものが多く、これを読んでいるだけで世界が広がるのを感じたほどである、もちろんこうした文庫目録の効用は誰もが言うことであるが。ただ、こちらが年を取ったせいか、次々と新刊が出ては消えていくラインナップのせいか、最近の目録の解説文にはあまり惹かれるものはない。さて、新潮文庫の目録にはちゃんと『花咲く乙女たち』があったのである。解説文にも魅せられて、次のお小遣いではこの本と狙いを定めたのである。ところが、目録にはあるが、長く品切れで、店頭でこの本を見る機会はとうとうなかった。

もし、店頭に新潮文庫の『花咲く乙女たち』があれば、当然迷わず購入したに違いない。

かつての誤りは教訓にはなるだろうが、しかし『女学生』と『女生徒』は、たった三文字、しかも書名というよりも普通名詞のようなものであるから、間違ったのである、今回はタイトルが完全に一致するから大丈夫、「カトレア」のような女性や、「すずらん」のような女性や、「わすれな草」のような女性が登場する、華やかなドラマだと思って、読み始めたであろう。そうして、難解なプルーストの世界に驚いたに違いない。

結果的には、新潮文庫の『花咲く乙女たち』を手にすることはなかった。新潮文庫の『失われた時を求めて』は共訳であったが、この巻は、井上究一郎の単独訳であったと記憶する。同じ井上の翻訳で、タイトルも『花咲く乙女のかげに』となっていた本を読んだのは、もう高校生になった後、当時愛読していた河出書房のカラー版『世界文学全集』の一冊であった。もはや、誤解をする年でもないし、タイトルも違っていたし、プルーストの難解さを聞きかじってもいたし、マリンバの流れる『花咲く乙女たち』を連想することなく読み終わった。

それにしても、井上究一郎訳（ちくま文庫）に鈴木道彦訳（集英社文庫）が完結、さらには高遠弘美訳（光文社古典新訳文庫）と吉川一義訳（岩波文庫）が刊行中で、全部完成すれば、四種類の文庫で『失われた時を求めて』が読めるようになるとは、『花咲く乙女たち』になかなか出会えなかった、半世紀前を思うと昔日の感がある。

おわりに

『南海の美少年』を機内で聞いた時から、四か月ほど遡る。七月初め、私は、古書会館の、明治古典会の七夕大入札会の下見展の会場にいた。手の届かない範囲なら、立原道造の詩稿とか、村野四郎宛献辞入りの『暁と夕の詩』とか、いろいろあったのだが、手の届く底値の範囲では、村上春樹の『走ることについて語るときに僕の語ること』の英訳レビュー版が出品されていたのである。レビュー版は大好きで、丸谷才一の『輝く日の宮』などレビュー版と刊行されたものの異同を調べて、削除された『輝く日の宮』を書いてみようかと思ったぐらいだ。『走ることについて語るときに僕の語ること』は、ローマ字でサインも付いていたせいもあったのか、残念ながら入手することは出来なかった。それでも、この日は、戸川残花旧蔵の北村季吟・季任筆『徒然草拾穂抄』を見ることが出来たし、いろいろと眼福の一日であった。そして、その最たるものが、『失われた時を求めて』の井上究一郎の原稿の山であった。『花咲く乙女たち（花咲く乙女のかげに）』の部分は、残念ながら見いだせなかったが、この作品と井上が格闘した後を示しているような原稿の山は、加筆や貼紙に覆い尽くされたプルーストの『失われた時を求めて』の原稿そのものに向かい合っているような錯覚を覚えるほどであった。同時に、誤解の多かった少年時代という時を、私自身が見いだした瞬間でもあったのである。

六　フィッツジェラルドの文庫本

はじめに

『名書旧籍』の続きとして、F・S・フィッツジェラルドの文庫本を取り上げてみたい。この作家は元々根強い人気があったが、分けても三度大きなブームがあったと思われる。一回目は短編『バビロン再訪』が『雨の朝巴里に死す』として日本で公開された一九五五年頃、主演のエリザベス・テーラーの人気が後押しをした。二回目は代表作『華麗なるギャツビー』が映画化された一九七四年頃、まさに華麗なロバート・レッドフォードが人気を博した。三回目のブームは比較的長く、平成に入ってコンスタントに続いている。これは村上春樹の影響が大きい。村上はフィッツジェラルドの作品に言及することが多いが、昭和最後のベストセラー『ノルウェイの森』での引用に始まり、短編の翻訳、そして『グレート・ギャツビー』の新訳の二〇〇六年には大きなうねりとなって今日に及んでいる。三回目のブームはまだ続いているが、さらに加速するのではないかと思っているのが、『グレート・ギャツビー』がレオナルド・ディカプリオ主演で再映画化され、来年（二〇一三年）日本での公開が予定されていることである。

そうした嬉しい情報に接したこともあって、若い頃繰り返し読んだこの作家の文庫本を取り上げてみたい。各種文庫本を彩ったカバージャケットなども懐かしく思い出される。フィッツジェラルドの文庫本を旧蹟に見立てて、私なりのバビロン再訪をしてみたいのである。

一、角川文庫

フィッツジェラルドの文庫本を最も多く刊行しているのが、角川文庫である。文庫化も早く、『雨の朝巴里に死す』と『夢淡き青春』が、一九五五年に刊行された。前者から見ていこう。一九五四年制作の『The Last Time I saw Paris』という原題の映画が、『雨の朝巴里に死す』の邦題で日本で公開されたのが五五年であるから、言うまでもなく映画の原作本としての評判を当て込んでの刊行である。当時のエリザベス・テーラーの人気の程を考えると当然であろう。翻訳は飯島淳秀、当該作品以外に『カットグラスの鉢』と『罪の赦し』を収載する。本書は、一九六八年に改稿され、その折りに『金持ちの青年』と『冬の夢』の二作品が追加されている。総ページ数も二倍以上になり、タイトルも『雨の朝パリに死す』と「巴里」をカタカナ表記に改めた。「F・スコット・フィッツジェラルド――人と作品」「フィッツジェラルドの短編について」からなる解説と年譜の後に、改版の経緯について記した八行程度の短い「あとがき」が付されていたが、平成に入って刊行された、角川文庫クラシックの版では、この「あとがき」は削除されている。

先に「エリザベス・テーラーの人気」云々と述べたが、リズは五七年『愛情の花咲く樹』でアカデミー賞主演女優賞に初めてノミネートされ、以降五八年『熱いトタン屋根の猫』五九年『去年の夏突然に』六〇年『バタフィールド8』（この作品で受賞）と、賞取りを意識した作品へと傾斜していくが、一九五一年の『陽のあたる場所』あたりから、五四年の本作、五五年の『ジャイアンツ』ぐらいまでは美しさの頂点にあった。当然、ヘラルド映画『雨の朝巴里に死す』の一場面は、長く文庫のカバーに用いられることになる。手許にあるもので言えば、改版三〇版の一九八六年一二月の刷まで、リズとヴァン・ジョンソンの写真が使われている。それでも後には石倉ヒロユキのカバーに改められている。一九九四年の改版四三版ではリズの姿はすでに消えている。

さて『夢淡き青春』であるが、背表紙や奥付には、かく記しているものの、表紙や扉には「夢淡き青春」の表題の下に小さく《グレート・ギャツビィ》と並記されている。角川文庫では、当初「夢淡き青春」という邦題でこの作品を売り出そうとしたのだ。手許には一九七一年の一六版があるが、この時掛けられている広みさおデザインのカバージャケットの表紙と背にも「夢淡き青春」のタイトルが記されているだけである。翻訳は大貫三郎であった。

一九七四年に映画『華麗なるギャッツビー』が公開されると、さすがに角川文庫もカバージャケットに映画のスチールを使うようになる。表紙と裏表紙にはカラー写真を、前後の袖にはモノクロ写真を使っているが、裏側の袖の部分のロバート・レッドフォードの立ち姿だけを浮き上がらせたような写真は人目を引きつけるものがあった。奥付は「夢淡き青春」のままである。背表紙とカバージャケットはさすがに二つのタイトルが併用になったが、それでも「夢淡き青春」の方がメイン・タイトルで、大きく表示されることには変わりはない。ジャケットの「夢淡き青春」の青い文字は印象的であった。

現在角川文庫クラシックから刊行されているものは『華麗なるギャツビー』で、これは同じく大貫三郎の翻訳であるが、『夢淡き青春《グレート・ギャツビィ》』を一九八九年に改版したものである。訳文にも多少手が入れられていて、冒頭だけ示せば「とかく非難を受けやすい少年時代に」が「今より若く心が傷つきやすい若者だった時に」という表現に改められている。特に一人称を「私」から「僕」に変えたことによって、随分印象が違う仕上がりになっている。ただし奥付では、改版の表記をせずに、元版の一九五七年からの通しで版の記載を行っている。一例を示せば「昭和三二年二月二〇日初版発行　平成七年五月三〇日三六版発行」のように記す。この平成七年の版では、カバージャケットは石倉ヒロユキのデザインが使われている。なお、改版前は大貫三郎の「あとがき」であったが、一九八九年以降は、訳者自身の手による「解説」に差し替えられている。この「解説」はサイデンステッカーから説き起こし、村上春樹で締めくくる、なかなか面白い解説である。

大貫三郎は角川文庫からもう一冊『ラスト・タイクーン』の翻訳を出している。もちろん映画の原作本としての人気によるもので、初版の帯には「エリア・カザン監督　映画化」と大きく白抜きで記している。当然カバージャケットには映画のスチールが使われており、表紙と裏表紙にはカラー写真が各一枚、後ろの袖には白黒の写真が三枚用いられている。『夢淡き青春《グレート・ギャッツビィ》』から『華麗なるギャッツビー』へと改版の話を述べたが、『ラスト・タイクーン』の翻訳はそれに遡る一九七七年のことだから、解説ではまだ「ギャッツビィ」の表記が用いられている。角川文庫が平成の初め頃に、読者アンケートによる限定復刊として「リバイバル・コレクション」というシリーズを刊行したが、復刊が待ち望まれていた本書もその中に加えられている。

さて、『ラスト・タイクーン』が刊行された、一九七七年の段階で、フィッツジェラルドに割り当てられていた角川文庫の著者別番号は一五五であった。『ラスト・タイクーン』は「一五五の五」で、『夢淡き青春』が一番、『雨の朝パリに死す』が二番で、五番のこの作品との間には、三・四があることになっている。ここに入るのが谷口睦男訳の『夜はやさし』上下巻なのである。この二冊は長く品切れとなっていて、フィッツジェラルドのファンに取っては、大げさではなく伝説の文庫であった。インターネットの古書情報などない時代、地方の気の利いた古本屋さんに入ると(中央の古本屋さんには当然見あたらない)、失望を繰り返して、確信と諦観のようなものがあった)、最後には、文庫の棚を見て、『夜はやさし』と原田芳起の『宇津保物語』(これも角川文庫)を探すのが癖になっていた。念のため見てみたが、やっぱりなかったな、という思いで、それ以外の収穫を手に古本屋さんを出た記憶ばかりである。それがやはり「リバイバル・コレクション」で復刊されたときは大変嬉しく、一部は保存用、一部は読書用と、早速二部求めた。そういう稀覯文庫(私にとって)であったから、初版は持っていない。

以上五冊がそろったのは、平成の初め頃、村上春樹『ノルウェイの森』の影響もあってフィッツジェラルドのブーム再燃の頃である。現在では、多少状況が変わっているので簡単に触れておこう。著者別番号はフの2となり、「2の1」が『華麗なるギャツビー』（最新の刷は二〇一一年六月の四二刷である）、「2の2」は『ラスト・タイクーン』、「2の3」「2の4」が『夜はやさし』の上下で、ともに奥付には二〇〇八年六月「改版初版発行」とあり通算の刷数は表記されない。番号が詰められていることから分かるように、半世紀近く増刷を重ねてきた『雨の朝パリに死す』が角川文庫から消えてしまったわけで、いささか寂しい思いがある。

二、新潮文庫

フィッツジェラルドの文庫本で最も多く刷を重ねたと思われるのが、新潮文庫の『グレート・ギャツビー』（野崎孝訳）である。最新の二〇一一年二月の版では七六刷となっている。この書名、原題をそのまま（定冠詞は省略するが）カタカナ表記で示すのは、今日でこそ、村上春樹訳の『グレート・ギャツビー』で、最もなじみ深い作品名となった観があるが、それまでは集英社などの『偉大なギャツビー』（遡ると、やや堅く『偉大なるギャツビー』研究社、一九五七年、などもある）を除けば、一九七四年の映画化以来『華麗なるギャツビー』が一般的であった。上述した角川文庫の『夢淡き青春《グレート・ギャツビィ』は、サブタイトルであったし、奥付などには副題はない。それだけに、原題をそのまま生かす邦題は大変新鮮であった。映画の分野では、原題をカタカナ表記する形がそろそろ目立ってきた頃であったが、翻訳小説としては極めて斬新であった。新潮社のセンスの良さも関わっているであろう。

タイトルに関連して言えば、一九四八年制作のパラマウント映画「The Great Gatsby」が、一九五〇年五月日本で公開されるに当たっては「暗黒街の巨頭」という邦題であったことが面白い。いまや男性化粧品のブランド名にさえなった「ギャツビー」という名前も五〇年当時は無名であったのである。主演はアラン・ラッドとのことで、是非見てみたいものだ。『キネマ旬報』一九五五年二月下旬号の『雨の朝巴里に死す』の解説記事では「「暗黒街の巨頭」のアメリカ作家F・スコット・フィッツジェラルドの（中略）Babylon Revisitedを現代的に潤色して映画化したもの」と解説されている。

さて、新潮文庫の『グレート・ギャツビー』の初版刊行は、奥付に拠れば一九七四年六月三〇日。ちょうど一年前の一九七三年の六月三〇日に、フィッツジェラルドのファンが待ち望んでいた、シーラ・グレアムの『愛しき背信者』の翻訳（龍口直太郎）が新潮社から単行本として刊行されているのも奇しき因縁である。

ところが、その新潮文庫でも、映画の影響力の大きさには抗しきれなかったのか、『グレート・ギャツビー』の文庫を「華麗なるギャツビー」のカバージャケットで覆った時期があった。この現象は注目を集めたと思われて、紀田順一郎他『ニッポン文庫大全』(ダイヤモンド社、一九九七年)や、近藤健児『絶版文庫交響楽』(青弓社、一九九九年)などで言及されている。稿者も「『映画で楽しむアメリカ文学』を読む」(『文芸と思想』六四号、二〇〇〇年)でふれたことがある。書影を示したが、この「華麗なるギャツビー」のカバーを取ると「グレート・ギャツビー」という題名を記した表紙が現れるのである。この時のジャケットでは、手をつなぐギャツビーとデイジー(ロバート・レッドフォードとミア・ファーロー)のスチールを大きく使っている。同時期の〈ギャツビー〉の文庫本は、競うようにして映画のスチールを用いたが、新潮文庫の写真がサイズとしては最も大きなものであったのではないだろうか。カバーの袖には前に三枚、後ろに二枚の、これも大振りの写真が使われており、特に後ろ見返しの、上にギャツビーの、下にデイジーをの写真を配したデザインは実に印象的であった。

更に面白いのは、後に新潮文庫は、ロゴをそっくりにデザインして「華麗なる」を「グレート・」に改めていることである。これも書影を掲げておく。是非二つを見比べてほしいものである。多くの刷を確認してみたが、どうやら、一九八八年五月の四〇刷に際して多少翻訳文に手を入れたときに(奥付には「四〇刷改版」とあるが、組み版を改めた点がもっとも大きな変更点である）、このデザインに改められたようである。

映画の影響がさらに希薄になると、ジャケットの表紙からも袖からも映画のスチールが消えて行く。二〇〇七年の五四刷では、佐々木悟郎のカバー装画に改められている。それでも、描かれている女性は、帽子や首飾りから、（映画の）デイジーの姿であることが分かる。袖の部分は、スチールに代わって、フィッツジェラルドの写真と略歴が記されている。二〇一二年五月の七五刷で改版になるが、佐々木悟郎のジャケットはその後も使われている。

新潮文庫からは、平成になってまもなく『フィッツジェラルド短編集』が刊行されている（一九九〇年八月初版）。翻訳は『グレート・ギャツビー』と同じく野崎孝。初版のカバージャケットは装画は一切使わず、中央やや上部に「フィッツジェラルド短編集」と大きく赤の斜体の文字で、その下に黒で同じく斜体で「野崎孝訳」と記す。この二行の上に、大きく金文字で「F.Scott」、下に同じく「Fitzgerald」とイタリック体で記す。下部には小さく作品名を「The Ice Palace」「Winter Dreams」「The Rich Boy」「Three Hours between Planes」「The Swimmers」「Babyron Revisited」と金文字で記す。上部の大きな斜体の文字と、下部の作品名の立体の文字のバランスが巧みな実に洒落たデザインである。このジャケットは、二〇一〇年四月の二二刷までは使われていたが、現在書店店頭に並んでいる二〇一二年七月の二四刷では米澤良子のデザインに改められている（二三刷は未確認）。収載作品は、「バビロン再訪」をはじめとする定番に加えて、講談社英語文庫や村上春樹の翻訳などで昭和から平成にかけて人気急上昇した「乗り継ぎのための三時間」、そして新訳の「泳ぐ人たち」であった。

三、講談社文庫

講談社文庫には、定番の二冊が収められている。

一九七三年三月には、一冊目として『雨の朝、パリに死す　ほか五編』が刊行された。分類別番号はB五〇で、まだ著者別番号は付されていない。定価は一六〇円である。タイトルで「雨の朝」の後に読点（、）が来るのが他の文庫本とは異なる題名の付け方である。「ほか五編」は「冬の夢」「風の中の一家」「生意気な少年」「スキャンダル探し」「ホテルほど大きいダイヤモンド」である。翻訳・解説・年譜は佐藤亮一である。

本書で嬉しいのは、初版のカバー装画に佐伯祐三の「パリのカフェ」が使われていることである。フィッツジェラルドと同じく、一九二〇年代のパリの空気に触れていた佐伯の作品ほど、表題書を含むこの作品集を飾るにふさわしいものはないだろう。本年（二〇一二年）四月から七月まで大阪市立近代美術館（仮称）心斎橋展示室においても「佐伯祐三とパリ展」が開催されたばかりである。また八月の「東京美術学校から東京藝術大学へ日本絵画の巨匠たち」（ホテルオークラ東京別館地下二階アスコットホール）では佐伯祐三の自画像（卒業制作）など三種を見ることが出来た。

実は佐伯は、フィッツジェラルドがアメリカからパリに渡った一九二四年に初めてパリの地を踏んでいる。分野こそ違えこの二人の天才が、同じ頃に、新大陸から、そして極東の島国から、パリに引きつけられていったというのも不思議な因縁である。佐伯は二六年までパリに滞在、一旦帰国後、二七年に再度渡航。しかし、結核の悪化に加えて精神的に極限まで追い詰められて、ゼルダやニコルと同じような病院に入院を余儀なくされ、二八年八月に逝去する。翌年の世界大恐慌を見ずにすんだのは幸せであったかもしれない。

文庫のカバージャケットに用いられているのは、一九二七年制作の「プチ　レストラン」（文庫カバー袖の解説では「パリのカフェ」）で、画面右上部を占めるポスターの文字の洪水に、佐伯らしさが発露している作品である。この絵を見ていると、どこかからチャーリーとヘレンが、あるいはスコットとゼルダがふと現れてくるような錯覚を覚える。

そして、一九七四年、映画『華麗なるギャツビー』の公開の年に、「アメリカ文学史に輝く秀作の新訳決定版！映画『華麗なるギャツビー』（パラマウント映画　ＣＩＣ配給）

の原作」という惹句で、原作本が刊行される。先行する、角川文庫や新潮文庫に加え、後述するハヤカワ文庫に講談社文庫、正にこの年は、ギャツビー・バブルの年であった。訳者は、前書と同じく佐藤亮一。カバージャケットは映画のロゴを中心にしたすっきりとした意匠である、カバー装丁は舟橋菊男。ジャケットの袖の映画からの写真も二枚に留め、あっさりと仕上げている。分類番号B六四であった。

講談社英語文庫からは『BABYLON REVISITED』が刊行されている。扉題、奥付、カバージャケット背にはこのタイトルであるが、表紙には「雨の朝パリに死す」と併記され、帯には「フィッツジェラルド短編集　雨の朝パリに死す」と記されている。採録されているのは「リッツホテルのように大きなダイアモンド」「冬の夢」「雨の朝パリに死す（バビロン再訪）」「乗り継ぎの間の三時間」「マイ・ロスト・シティ」の五作品である。巻末に、横山千晶作製の三三ページに及ぶ詳細な注釈を付して、一九九一年一月に刊行されている。ジャケットデザインは横内統代、装画は白浜三千代である。

四、旺文社・岩波・光文社の文庫

講談社文庫から少し遅れて、旺文社文庫にも同じ組み合わせで二冊の文庫が刊行された。

まず、一九七八年八月に『華麗なるギャッビー』が守屋洋一の翻訳で、続いて、『雨の朝　パリに死す　他二編』が、一九七九年三月に刊行。カバー表紙、カバー背、本冊表紙、目次、扉、奥付、何れも「雨の朝」と「パリに死す」との間にスペースを設けるのが本書の表記である。「他二編」は「冬の夢」と「金持ちの青年」。分類番号は六一五の二。

旺文社文庫は、一九六五年から一九八八年までの二四年間刊行された。その時期は短いが、きわめて充実した書目選定がなされていた。教養主義からサブカルチャーへの時代の推移も明瞭に見て取れ、出版文化史の貴重な資料である。そのため、刊行された文庫のほぼ全冊にあたる一一〇〇冊を所蔵していたが、私蔵するよりもと思って、前々任校の大学の図書館に寄贈した。重複して持っていた文庫は手許にとどめたが、『華麗なるギャッビー』の方は寄贈した一部しかなかったので、いま書影を掲げられないのが残念である。

旺文社文庫は八〇年代に姿を消したが、九〇年代に岩波文庫、二一世紀になってからは光文社の文庫で新たにフィッツジェラルドの作品を読むことが出来るようになった。

岩波文庫からは佐伯泰樹の翻訳で『フィッツジェラルド短編集』が一九九二年に刊行されている。「バビロン再訪」「冬の夢」ほか定番作品が多いが「リッツ・ホテルほどもある超特大のダイヤモンド」「金持ち階級の青年」とタイトルを従来のものから少し改めている。ほかに『20世紀アメリカ短篇選（上）』に、大津栄一郎の訳で「パット・ホビーとオー

フィッツジェラルド　佐藤亮一訳
雨の朝、パリに死す
ほか五編

華麗なる
ギャツビー

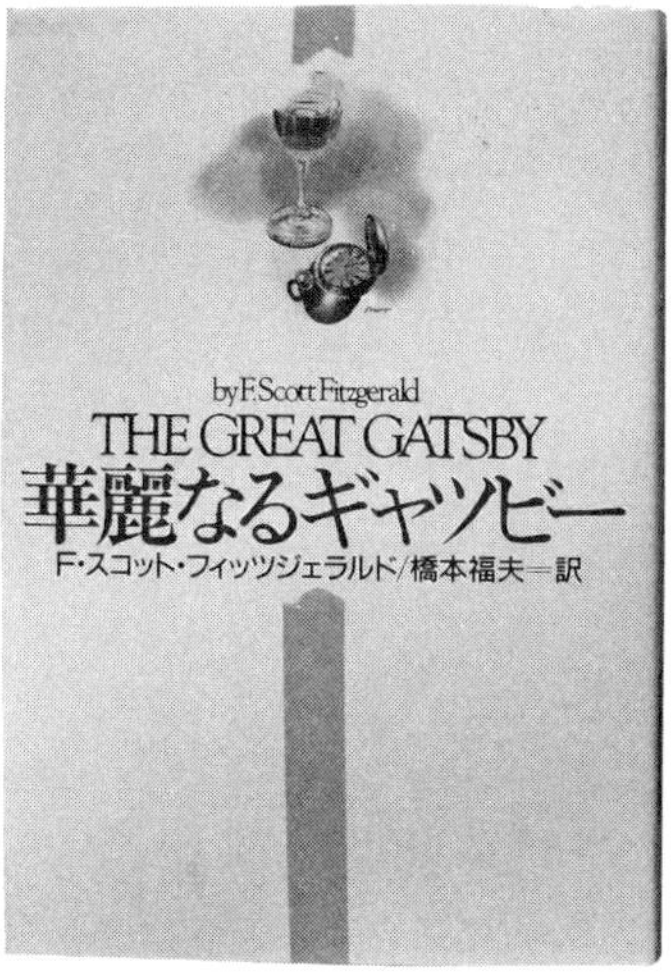
by F.Scott Fitzgerald
THE GREAT GATSBY
華麗なるギャツビー
F・スコット・フィッツジェラルド/橋本福夫＝訳

華麗なる
ギャツビー
F・スコット・フィッツジェラルド
橋本福夫訳
早川書房

ソン・ウエルズ」が収められている。このアンソロジーには　イーディス・ウォートン、セオドア・ドライサー、キャサリン・アン・ポーター、ジョン・ドス・パソスなど懐かしい名前が多い。ウォートンが映画『エイジ・オブ・イノセンス』の公開で伊藤整の旧訳（三笠書房）以来久しぶりに新訳が二種類（大社淑子訳新潮文庫、佐藤宏子訳荒地出版社）も出たように、『シスター・キャリー』や『愚者の船』なども再映画化されたら、もっと注目を集めると思うのだが。『陽の当たる場所』はジョージ・スティーブンス版を越えることは難しいにしても。ドス・パソスの作品なども、グローバル化のあげく資本主義が世界的に行き詰まっている今日、映画化するとおもしろいと思う。

光文社古典新訳文庫からは二〇〇八年に『若者はみな悲しい』（従来は「すべて悲しき若者たち」の邦題で紹介されていた第三作品集）が刊行された。翻訳は小川高義で、新訳の名前にふさわしく、総題も改められていたが、個別の作品名も新鮮である。冒頭の「お坊ちゃん」など「金持ち（階級）の青年」とは全く違った印象を受ける。訳者あとがきに『グレート・ギャツビー』の末尾の文章をもじって予告したように、翌年には同じ小川の翻訳で『グレート・ギャツビー』が刊行される。

五、ハヤカワ文庫

ハヤカワ文庫が『華麗なるギャツビー』（ハヤカワ文庫NV七一）を刊行して、参戦してくるのは、やはり一九七四年の映画公開に合わせてのことである。当然のことながら初版のカバージャケットには、ロバート・レッドフォードとミア・ファーローの写真が用いられるが、映画のスチールを全面に使うのではなく、右下半分四分の一ぐらいの大きさに留め、グレーの枠で囲み、左上半分を中心に「華麗なるギャツビー」の映画のロゴを配置し、書名に転用した洒落たデザインである。カバージャケットの袖には、映画のスチールが前後おのおの三枚、合計六枚がモノクロで載せられている。翻訳を担当したのは橋本福夫であった。

似たようなデザインを使用したのが、一九七七年の『ラスト・タイクーン』（NV一四六）である。こちらも映画公開に合わせての刊行で、カバージャケットの表には、主演のロバート・デ・ニーロの姿をやはりグレーの枠で囲み、袖には映画のスチールが前後併せて六枚が付されている。

ところが、刊行から一〇数年後には、映画とのタイアップのジャケットは廃されて新しいデザインのものに変わっている。『ラスト・タイクーン』の方は、一九九〇年二月の第二刷の段階で早くも、映画のキャメラと二人の人物を小さく描き、真ん中に「by F.Scott Fitzgerald」「THE LAST TYCOON」と二行書き、その下に「ラスト・タイクーン」とタイトルを大書、さらにその下に「F・スコット・フィッツジェラルド／乾信一郎＝訳」と記すすっきりしたデザインに改められている。デザインは辰巳四郎、イラストは佐々木悟郎である。『華麗なるギャッビー』の方は、映画の影響が大きかったが、それでも一九九二年五月の第五刷では、『ラスト・タイクーン』と同様に、辰巳四郎デザインのものに改められている。こちらのイラストは渡辺信綱が担当している。いま、五刷ではと述べたが、『華麗なるギャッビー』は、第二刷までは映画とタイアップしたジャケットであることを確認しているが、三刷・四刷は未確認であることを申し添えておく。

猶、この二冊のジャケットが改められるのとほぼ時を同じくして、ハヤカワ文庫は作者別の通し番号を併用し始め、『華麗なるギャッビー』は「NV フ 一七 二」で、『ラスト・タイクーン』は同じく「一七 二」が割り振られている。

ハヤカワ文庫で嬉しいのは、フィッツジェラルドをモデルにした『夢やぶられて』（バッド・シュールバーグ）が文庫化されていることである。原著刊行から一〇年も経たない一九五八年には早くも野崎孝の翻訳が早川書房から出版されていたが、長く品切れ状態が続いていた。それが、七〇年代に入って文庫の形で再刊されたのである。カバージャケットは勝呂忠が担当している。

六、中公文庫

中公文庫とフィッツジェラルドの関係は、村上春樹を抜きにしては語れない。今でこそ『グレート・ギャツビー』の村上訳を読むことが出来るが、四半世紀前には想像も出来なかったことだ。四半世紀前というのは、『ノルウェイの森』が、昭和最後のベストセラーとなった時期、この本を読んでいた頃は、『グレート・ギャツビー』はもちろん『キャッチャー・イン・ザ・ライ』や『ロング・グッドバイ』を村上ヴァージョンで読めるようになることなど、思いもよらなかった。四半世紀前は、後に中公文庫に入る（一九九一年三月）『ザ・スコット・フィッツジェラルド・ブック』が、TBSブリタニカから刊行された頃でもある。同書は、和田誠の洒脱な装丁がそのまま文庫本のカバージャケットに使われているのも嬉しく、単行本とは別に携帯用に文庫本を買い求めたほどである。もちろん装丁だけではなく、中身もその表題にふさわしく、最良のフィッツジェラルド入門書であることは間違いない。とりわけ、第一部「スコット・フィッツジェラルドと五つの町」が秀抜で、土地や地域が喚起するものを、これほど見事に形象化して見せてくれた例をほかに知らない。『郊外の文学誌』に代表される川本三郎の仕事とも通底する鮮やかさがある。第一部の五編の中では、「奇妙に心地よい太陽の照る場所」が個人的には最も好きで、文庫のこの部分に開き癖が付いているほどである。

『バビロンに帰る　ザ・スコット・フィッツジェラルド・ブック2』は、一九九六年に中央公論社から刊行、九九年には中公文庫に加わっている。

さて、中公文庫のフィッツジェラルドの第一冊目は、巻頭に村上春樹の「フィッツジェラルド体験」を置き、「残り火」「氷の宮殿」「悲しみの孔雀」「失われた三時間」「アルコールの中で」「マイ・ロスト・シティ」の六作品を村上が翻訳したものである。タイトルは最後の作品から取られた『マイ・ロスト・シティ』である。これも一九八一年に中央公論社から単行本が刊行されており、中公文庫から初めてフィッツジェラルドの作品が刊行されるのは一九八四年六月のことであった。映画『華麗なるギャッツビー』の公開から一〇年後のことで、そろそろ映画の影響力が低下していた頃で、これ以降のフィッツジェラルド人気は大なり小なり、村上春樹の存在を抜きにして語ることは出来ない。

もう一つ「マイ・ロスト・シティ」という名称で逸することが出来ないのは、久石譲の同名のアルバムである。もちろんタイトルもそうであるが、「HOMMAGE A Mr.SCOTT

FITZGERALD」の副題と、「久石譲のピアノは、一九二〇年代を、そして世紀末を彷徨った」との惹句から明らかなように、フィッツジェラルドがこのアルバムのモチーフとして潜められている。メイン・タイトル以外にも「冬の夢」という曲も含まれている。「Two of Us（草の想い）」など、千津子と実加の「ふたり」（原作赤川次郎、監督大林宣彦、一九八一年）ではなくて、スコットとゼルダの「ふたり」と錯覚させられてしまう。映画『紅の豚』で使用された「狂気」などは、文字通り狂気の如く一九二〇年代を駆け抜けたスコットとゼルダの二人の姿をも想像させるものがある。かつて「原作・フィッツジェラルド、脚本・村上春樹、音楽・久石譲、監督・川本三郎で、『マイ・ロスト・シティ』を作ってほしいものだ」（『大学図書館の挑戦』和泉書院、二〇〇六年）と述べたが、その思いは今も変わらない、むしろ強くなっている。猶、このアルバムに関する久石自身の発言は『I am 遙かなる音楽の道へ』（メディアファクトリー、一九九二年九月）で知ることが出来る。

七、集英社文庫

集英社文庫がフィッツジェラルドの作品を刊行するのは、一九九〇年以降である。当然、七〇年代の、映画『華麗なるギャッビー』の影響は終息しているから、ロバート・レッドフォードとミア・ファーローの写真などが使われることはない。そもそもタイトルからして「華麗なる」ではなく、『偉大なギャッビー』なのである。これは、集英社が、いくつかの世界文学全集(『世界文学全集 二〇世紀の文学』一八、一九六六年。『世界文学全集』七六、一九七九年。『ギャラリー 世界の文学』一七、一九八九年)で、このタイトルで収載してきたからである。集英社の全集で翻訳を担当したのは野崎孝であるが、野崎訳の文庫は、新潮社から『グレート・ギャッビー』として、一九七四年に刊行されている。集英社文庫が総合文庫として出発するのは一九七七年のことであるから、こうした形となったのである。『偉大なギャッビー』の名称で野崎孝の翻訳が文庫から出るのは初めてということになる。

さて、この文庫の特徴は、豊富な写真資料と充実した付録が併載されていることにある。一九九四年に刊行された『偉大なギャッビー』では、全三一九ページのうち、二八一ページ以降が解説(佐藤晴雄)、鑑賞(柳美里)、年譜(佐藤晴雄作製)に充てられている。全体の一割以上の紙幅が解説類に割かれているのであり、かつての旺文社文庫を彷彿させるものがある。しかも年譜には三歳のスコットが父と一緒に写っている写真から、スコットとゼルダの墓の写真まで、一六葉もの写真が挿入されるという贅沢さである。九〇年代の文庫本としては、極めて意を用いた解説・年譜であった。そして冒頭にはモノクロとはいえ口絵写真が四ページも用意されているのである。その中には、軍服姿のスコット少尉(年譜にも重出)やバレエの衣装のゼルダなどおなじみの写真もあるが、『偉大なるギャツビー』の初版ジャケットや『楽園のこちら側』『ラスト・タイクーン』の書影に混じって、「一六歳の時に書いた脚本『臆病者』のポスター」が掲載されているのが実に嬉しい。「Scott Fitzgerald's Comedy」という文字を、誇らしげに見たであろうフィッツジェラルドの一六歳の姿が想起されるのである。これらの中でも注目されるのは、「ブロードウェイでヒットした『偉大なギャツビー』公演。一九二六年」の写真が掲出されているにもかかわらず、一九七四年の映画のスチールが一枚も取り上げられていないことである。時代の変遷を示すものと言えよう。カバージャケットの装画は小川ひさこ、ADは菊地信義である。

集英社文庫のフィッツジェラルド作品の第一冊の刊行は、実は『偉大なギャツビー』ではない。これを遡ること四年、一九九〇年に「フィッツジェラルド短編集」とのサブタイトルを付した『バビロン再訪』(沼澤洽治訳)が刊行されている。収載作品は「メイ・デー」「金持ちの青年」「バビロン再訪」の三作品で、こちらは二二二ページの本文に、四二ページの語注・解説・鑑賞・年譜が併載されており、付録の比重は更に大きく、二割近くになっている。特筆大書したいのは、年譜に併載されている写真が、『バビロン再訪』『偉大なギャツビー』の二冊では、半分以上が別のものに差し替えられているということである。文庫のために作成された年譜は、同一作者の場合は、別の作品でも同じものが使われることが多い。解説はともかく、年譜は改めようがないからである。従って年譜が詳しければ詳しいほど、別の作品を購入しても同じ内容のものが付録として載っているという一種のジレンマがある。フィッツジェラルドの年譜も一六ページにわたる詳細なものであるが、それを写真を差し替えることで、読むものに新たな楽しみと発見を与えることになるのである。同一の紙型を使えばすむ所を、写真を入れ替えるわけであるから、手間とコストはかかるわけであるが、読者にとってこんなに嬉しいことはない。こうした見えにくい所への気配りに対しては、一読者としても深甚の謝意を表したい。『バビロン再訪』の方の年譜の写真には、後期の作品『起床時刻の消灯ラッパ』の書影など比較的珍しいものもあり、最後は「〈ニューヨーク・ヘラルド・トリビューン〉の死亡記事」の写真で閉じられている。鑑賞は常盤新平が担当している。冒頭の口絵写真では四ページの内の一ページを割いて、映画『雨の朝巴里に死す』のスチールが掲出されている。こうなると、後続の『偉大なギャツビー』の口絵写真に、敢えて七四年の映画の写真が使われなかったのは何故なのかが気になってくる所である。スコットとスコッティ父娘であろうか二人の後ろ姿を左上部に、そして空白を大きく取った西方久のカバージャケットも実に洒落ている。

おわりに

文庫本の有為転変は激しいものがある。新しい波として取り上げた岩波文庫も今のところ品切れである。解説が充実していた集英社文庫も店頭から消えて久しい。

名書旧籍と銘打った本稿は、最新の文庫事情ではない。新しいものほど古くなるわけだから、この半世紀ほどで一番印象に残ったものを中心に取り上げた。それにしても、古い文庫ほど、カバージャケットに愛着がわくのは、私が年を取ったためであろうか。

（追記）

集英社文庫は、レオナルド・ディカプリオ主演『グレート・ギャツビー』に合わせて見事に復活を果たした。二〇一三年四月に改訂第一版が刊行されたのである。解説は上岡伸雄の簡潔なものに改められている。もちろんカバージャケットは映画のものを使い、帯には「映画原作」「六月一四日公開」とうたっている。光文社古典新訳文庫も同様の幅広の帯を掛けて、「丸の内ピカデリーほか全国ロードショー」と記している。四回目のブームが続くことが期待される。

第二部

一　全集・選集の黄金時代

太宰治の『正義と微笑』の中に、主人公の僕が目黒キネマで『進め龍騎兵』という作品を見たという記述がある（錦城出版社版二八ページ）。主人公はこの映画を「実に愚作だ」というのだが、私にはなぜか気になる作品であった。この作品を読んだ頃、映画の『風と共に去りぬ』を観て、メラニー役のオリヴィア・デ・ハヴィランドに魅せられたことも、その理由であったかもしれない。エロール・フリンとオリヴィア・デ・ハヴィランドのコンビは『進め龍騎兵』以外にも『ロビンフッドの冒険』などがあるが、それらの映画を是非見たいと思っていた一〇代の頃はその希望が叶わなかった。現在はこれらの作品も格安DVDなどでたやすく入手出来るようになった。そのかわりかつては入手が容易であったフリンの自伝の方は簡単に読めない時代になってしまった。一九六〇年代の筑摩書房『世界ノンフィクション全集』は、小B六判の小型の本にノンフィクションの代表作が網羅されている夢のような全集であった。六三年三月刊行の第四〇巻には、キャパ『ちょっとピンぼけ』、ビリー・ホリディ『黒い哀しい歌』(『奇妙な果実』の抄出訳)、フリン『ハリウッドの王子』が一冊に収載されており、当時の出版文化の層の厚みを示している。近著『文学全集の黄金時代—河出書房の一九六〇年代—』(和泉書院)を纏める過程で、その時代に間に合った幸運を再認識した。一九五二年生まれの私を取り巻く読書環境がいかに恵まれたものであったのかを、全集類の記憶を辿りながら振り返ってみたい。

六〇年代半ばの田舎の中学校は、先生の手が足りなかったのかしばしば自習時間があった。たまたま一年生の教室は図書室と土間!を挟んで繋がっていたから、豊富な空き時間はそこで過ごした。最初に手に取ったのは、筑摩書房『現代日本文学全集』であった。もちろん本の善し悪しなどまだ分かるはずもなく、一〇〇冊の全集という大きなかたまりが目を引いたのだろう。三段組でぎっしりと組まれた全集は、一冊でたくさん読めるから、心理的にも得な感じであった。何を読んだらよいか分からない中学生にとって、水準の高い編集は、恰好の案内人となった。この全集を手がかりに、気になった作家は、個人全集類へと進むこととなる。

ところで昔の子供は鼻を垂らしていたと言われるが、虫歯も多かったような気がする。

中学生の私も夏休みには歯医者通いとなるが、待ち時間つぶしに最適だったのは、長編が多い島崎藤村だった。携帯しやすい小型版であったし、当時でも随分古く感じた全集だったから、図書館から借りだしたのは一九五〇年代の筑摩書房の全集だったのだろう。『夜明け前』など読んでいると、これから痛い思いをさせられる歯医者が、逃れられない座敷牢のように思えたものだ。携帯に便利と言えば、もう一つ新書版の漱石全集である。五〇年代半ばの刊行であるが、程良い古さで暗い図書室に馴染んでいた。

図書室だけでなく、書店で買う本にも恵まれていた。小学校の頃は盆や正月、誕生日などには本を買うことが出来た。その中に偕成社『少年少女現代日本文学全集』があった。福田清人が編集や解説に従事していた高水準の全集である。現在でも同趣旨の全集があるが、選択の幅は狭まっている。豊富にあった〈れきしものがたり〉の類が姿を消し、学習漫画（ガクマン）に一本化されてしまったように、歴史物も文学も児童関係の書籍は半世紀前の方が幅広い品揃えであったと言えよう。偕成社の全集は、小学六年生の頃、NHKの連続ドラマ『うず潮』を見て、『林芙美子名作集』を買った思い出もある。いわばテレビっ子の走りであり、あまりほめられたことではないが、いろいろな形で本に出会うことはあるものだ。解説に挿入された、極度の近視のため顔に包丁を近づけて料理をする芙美子の写真を見て、主演の林美智子そっくりだなどと感心した、変な小学生ではあった。

当時、町の本屋さんがまだまだ元気で、自転車やバイクで月刊誌などを配達していた。中学校に進み、河出書房の『世界文学全集』を月ぎめで取ることになるが、このシステムが読書の習慣にはぴったりであった。ひと月という間隔が実に適切なのである。配本されたものは読んでしまい、次の配達まで程良い飢餓感が熟成される。新しい本が来たら、むさぼるように読むことになる。待ちきれないときは再読すればよい、挟み込みのチラシなど結構名文でいつの間にか覚えてしまったくらいだ。矢口進也さんから私信で伺ったこともあるが、一括配本、代金分割という一見恵まれた方法が入ってきてから、この程良い間隔と感覚が失われてしまったのではないか。最初から全部揃っていないと困るのは百科事典だけである。文学全集などは、読んでいる段階では揃い・不揃いなどあまり気にならない。私は、河出のカラー版で読んだが、それに入っていないフィッツジェラルドは集英社版で、ロランの『魅せられたる魂』は中央公論社『新集　世界の文学』で継ぎ足して読んだ。あまり纏めて揃えられると、却って読まないものだ。

さて世間には、犬派・猫派という表現があるが、同じく漱石派と鷗外派もあろう。私自身は、猫派ではないが漱石派である、漱石先生には一貫性がないと叱られそうであるが。タイガースファンの中には酒の弱い虎派もいるだろうから、そのあたりは大目に見て貰いたい。鷗外とはなぜか縁が薄かったが、七〇年代初期の筑摩書房の全集類聚がその欠を補ってくれた。

このシリーズは、選集よりは充実し、網羅的な全集ほどの重苦しさはなく、実に手頃な全集であった。森鷗外の他に、当然夏目漱石が入り、以下芥川龍之介、石川啄木、太宰治など。大体一〇冊前後に小説・詩歌のほぼすべてと、作家によってはこれに代表的な評論・小品・書簡などが加わり、別巻として作家研究も付く。手頃だが盛りだくさんの内容であった。値段も八〇〇円程度、装丁もシンプルで飽きのこないもの。単純な機械函だが堅牢なものであった。作者名を記した紙が函の背から平に少しはみだして貼られており、作家によって色違いであったから、全集類聚としての統一性と、作家ごとの差異性の両面を兼備したものであった。これで揃えれば、あまり専門性に偏することなく、それでいて小さな図書室を自分の部屋に備えたような充実感が味わえた。漱石は岩波の全集で持っていたから、鷗外・芥川・太宰をこのシリーズで再読することになった。筑摩書房らしく、後には島崎藤村もこの全集類聚に加わるが、それは一〇年以上後のことである。

全集類聚と同じように、本格的な全集ではないが、網羅的に読むのが便利であったのが、新潮社の全作品シリーズである。変型四六判で、細長い造本がなんとも洒落ていたし、軽くて車中の読書にも適していた。今なら、ハードカバーの新書といったイメージであろうか。六六年からの『大江健三郎全作品』で始まり、七二年からの安部公房で定着し、以下、開高健・倉橋由美子と続いた。当初の計画では全一四冊、増補されて一五冊となった安部公房が最大のボリュームであったが、一〇年の時間を隔てて第二期が刊行された大江健三郎が代表格だろう。ただ私自身は大江だけはこのシリーズを求めていない。単行本などで既読であったからである。作家と出会うタイミングのようなものがあるようだ。

新潮社の全作品に少し近いのが河出書房の『高橋和巳作品集』である。こちらは大学受験の浪人中から読み始めた。『日本の悪霊』などの記憶は、当時の私の人生が暗かったのか、作品の重苦しさなのか記憶は混沌としている。そう言えば、高橋は私の浪人中に逝去したのであった。

新潮社はほかにも、選集や作品集を多数出しているが、いわば岩波型網羅型全集に対して、精選したスマートさ、それでいて代表作を漏らさず集めるという点に特色があった。川端康成の全集で言えば、没後の大規模な全集の代わりに、安田靫彦の装画が飾った全集、町春草装丁の選集、カバーに松井如流の筆跡で書名が記された全集などを重ねて所有している。これが新潮社の全集や選集の醍醐味と思うのだが、勝手な思いこみだろうか。

また、中央公論社の『日本の文学』(紺)『世界の文学』(赤、新集は白)『日本の歴史』(茶)『世界の歴史』(緑)『日本の詩歌』(薄紫)等々は中林洋子の色違いの装丁が鮮やかであった。総計八種類の同一装丁色違いの全集を、まとめてホーム・ライブラリーとした内容見本も作られた。広告に誘われていろいろなシリーズを乱読し、『世界の名著』第一回配本などを求めたが、ニーチェなどそれ以来読んでいない。ただ、翻訳・解説を担当した手塚富雄の旧蔵書を最近も求めたりしているから、どこかでつながっているのだろう。

こういった魅力的な全集叢書に取り囲まれていたのが私たちの世代の特権である。お節介かもしれないが、その良さを語り継いでいく必要があろうかと思っている。

二　大島本『源氏物語』のことなど

今年（二〇〇八年）は源氏千年紀ということで、一念発起して『源氏物語』を原文で読もうという人も多いかもしれない。その時は、原文に頭注、脚注、傍注、補注、場合によっては全文現代語訳などが付いたもので読むのが、最も一般的であろう。この形式のものは、現在幅広く流通している小学館・古典全集、新潮社・古典集成、岩波書店・新古典大系などの各種の古典叢書類の他に、詳細な鑑賞がついた角川書店の『源氏物語評釈』などがある。そして、これらのほぼすべての注釈書の底本として使用されている『源氏物語』の写本が、大島本とよばれるものである。大島本とは、この『源氏物語』の写本を、戦前の三井合名の理事であった大島雅太郎が所蔵していたことに因む呼称である。つまり、私たちが『源氏物語』を原文で読むという場合、それは大島本で読むということに他ならないのである。

その大島本の学問的吟味は、昭和初期以来の研究の積み重ねがあり、近年も本誌（『日本古書通信』）に「冊子本の成立　写本学」を連載していた藤本孝一氏をはじめとする諸先学の業績があるのでそれに譲り、ここでは、この本が昭和の初期に忽然と現れた頃の話をしてみたい。

大島本は、西国一の守護大名であり、歴代好学の当主を輩出した山口の大内氏の求めに応じて、文明一三年（一四八一）に飛鳥井雅康によって書写されたという奥書を、関屋巻末に持っている。それとは別に、石州津和野に本拠を構える豪族で、大内氏最後の当主大内義隆の姉を妻に迎えている吉見正頼の永禄七年（一五六四）の奥書が桐壺巻・夢浮橋巻にあり、この本が大内氏から吉見氏の手に移っていたことが分かる。陶隆房（晴賢）が大内義隆を弑逆したのは下剋上の典型のようにいわれ、その陶氏を津和野三本松の城で迎え撃ったのが吉見正頼、その後毛利元就は厳島の合戦で陶氏を滅ぼし、吉見氏は毛利氏に従うこととなる。こうした西国の覇権をめぐっての著名な戦いのすぐそばに、この『源氏物語』のすぐれた写本が存在していたことは、極めて興味深いものがある。ただそれ以降、この写本は一旦行方不明となる。

この間の経緯について、『源氏物語』研究の基本文献である『源氏物語大成』には次のように記されている。

吉見正頼所蔵の本はその後どのような運命を辿つたか、杳として知るすべはない。ところがこの本は突如昭和五・六年の交に至つて佐渡の某家から現れた。

こうして、約三七〇年ぶりに、その姿を現した写本は、大島雅太郎の所蔵となり、源氏学者によって詳細・綿密に調べ上げられ、最終的にもっとも信頼するにたる『源氏物語』としての地位を確立するに至る。

昭和初期当時、芳賀矢一博士記念会の事業として全国の『源氏物語』の写本を調査していた池田亀鑑の所属していた東京帝国大学では、このころ二度に亘って大がかりな『源氏物語』関係資料の展観を行っている。昭和七年（一九三二）一一月と昭和一二年（一九三七）二月である。前者の目録では六一番目にあった大島本は、後者では筆頭格となり、この本の価値が定まったことが窺われる。同じ東京帝国大学で行われた二つの展観は、大島本の位置づけの変化を反映しており、興味深いものであるが、実はこの間に大島本は大学の外でも展示されていたらしいのである。

それは昭和九年一月九日から同月三十日まで、銀座松屋で行われた源氏物語展覧会であった。

今から七十年以上前の百貨店での展覧会であるが、幸い当時の『源氏物語展覧会目録』や、この展示に合わせて作成された青海堂作製の絵葉書が残されているので、かなり具体的に知ることができる。それらの資料によれば、紫式部が『源氏物語』を起筆したという伝承のある石山寺から、土佐光起筆の紫式部画像や寺宝の硯などを含めて「紫式部源氏の間」がそっくり移設されていたし、『源氏物語』全五四巻の代表的な場面が人形によって再現され、会場入口では、桐壺巻の光源氏元服の場面が来場者を迎えるかたちであったらしい。もちろん展示品は豪華かつ多岐に亘り、古写本・古版本・古注釈書などのやや専門的なものから、屏風・衣装・錦絵・歌留多など視覚に強く訴える享受資料まで、バランス良く組み合わせられていた。目録では展示品の冒頭に、『源氏交撰和歌集』(久邇宮家御貸下)と『源氏物語屏風』(梨本宮家御貸下)が挙げられ、昭和九年という時代を良く表している。

このように、極めて大がかりな展覧会であったが、『源氏物語』の古写本としては、伝為氏筆鈴虫巻、伝為氏筆薄雲・朝顔巻をはじめ、大揃いのものとしては伝津守国冬等各筆五四巻、三条西伯爵家蔵証本源氏物語、牡丹花肖柏筆本などがあり、それらと並んで「古写本源氏物語　五四巻　大島雅太郎殿御所蔵」が出陳されていたのである。景雅の号を持ち歌誌『心の花』の同人でもある大島雅太郎は稀代の蔵書家として知られ、『源氏物語』の優品も多数所蔵していたが、今回出陳されたこの「古写本」とは、今日最も広く知られた大島本、すなわち飛鳥井氏・大内氏・吉見氏の手を経た本と考えてまず間違いなかろう。とすれば、この重要な写本が、専門の研究者以外に、初めて公開された記念すべき展覧会でもあったのである。大島本自体は、青藍色の表紙の地味な装丁の本であるが、その本文価値の高さによって、三条西伯爵家蔵本や美麗な装丁の津守国冬等筆本と肩を並べて展示されたのである。

では、なぜこの時に銀座松屋で源氏物語展覧会が行われたのであろうか。一つには、前年中止された六代目坂東簑助（八代目坂東三津五郎）らの劇団新劇場の『源氏物語』（番匠谷英一脚本）の影響があろう。中止か上演かぎりぎりまで折衝が行われたこの劇が、最終的に中止の決定が当局によって下されたのは、上演予定三日前であった。そのため準備されていた衣装や舞台装置もすべてむなしくなってしまったのである。これらを活かす形で今回の展観が企画されたのであろう。展覧会目録冒頭に「宮家御貸下」の資料を掲げるのも、そうしたことへの配慮かもしれない。ではなぜ会場が松屋であったのか、それは次のような事情があったのではないかと思われる。

銀座松屋の基礎を固めた、二代古谷徳兵衛（古谷藤八）は美術工芸に造詣の深い人で、文展・院展をはじめ、歌舞伎でも、古代裂の展示即売会でも、自身が足を運び、また日頃から社員にも目を養うことを勧めていた。そういった気風を受けて、大正一五年一二月に、松屋の中に「流行研究会」が発足した。『松屋百年史』によれば「メンバーは会長古谷惣八、副会長古谷晃道（当時本店長）……顧問に岡田三郎助、鹿島英二、久保田米斎、正木直彦、笹川臨風の諸氏を迎えた」とある。顧問の一人正木直彦の『十八松堂日記』によれば、『源氏物語』上演中止決定の約半月後の一二月八日には早くもこの展覧会の企画が動き始めていることが分かる。そして、同じく顧問のメンバーであった久保田と笹川の二人の名前は上述した『展覧会目録』の中に見えるのである。

この『目録』は、縦一三センチ横一九センチの小冊子であるが、藤村作、島津久基らが文章を寄せており、また一三ページにも亘って出品された資料の一覧が記載されているなど、貴重な文献である。この『目録』の冒頭に、笹川臨風は「源氏物語展覧会開催について」という一文を寄せており、全体の監修者的な立場であったと思われる。久保田米斎(満明)は島津と組んで「画面選定並解説、構図意匠」を担当している。笹川と久保田の二人が松屋側から今回の展覧会に関わったのではなかろうか。ともあれ、大島本の一般への最初のお披露目としても、極めて意義のある催しであった。

この展覧会に関しては、もう一つ思わぬ副産物もある。青海堂作製の絵葉書のことは上述したが、そのうちの一枚に伝国冬筆本の写真がある。装丁も外函も実に美麗なこの写本は、現在天理図書館の所蔵となっている。同館の岡嶌偉久子氏の教示によれば、絵葉書の写真では現存しない紙帙か布帙のようなもので冊子が包まれているとのことである。所蔵者が変わる段階で亡失してしまったものであろうか。絵葉書の一枚からでも意外な発見がある。

源氏千年紀に際して、全国で大規模な展示・展観が計画されている。この一年間は大島本を中心に『源氏物語』のすぐれた古写本や古注釈、様々な享受資料など、眼福に浴する機会が多いことと思われる。それ自体極めて有り難いことであるが、今回の図録や絵葉書類なども、後年思いもかけぬ形で、時代の証言台に立つかもしれないのである。

三　文学全集の月報から見えるもの

一九六〇年代を頂点に約四半世紀の間、世界や日本の文学全集が陸続と刊行されていた時期があった。各種の全集は家庭や図書館で我々のすぐそばにあり、出版文化史の上でも一つのジャンルを形成していたし、大げさに言えば社会現象の一つでもあった。しかしそれから半世紀たった今日、網羅的な書誌も作成されず、総合的な分析も行われていないのが現状である。この文学全集を月報から振り返ってみようというのが本稿の試みである。

青山毅の編になる名著『文学全集の研究』（明治書院、一九九〇年）には、谷沢永一・曽根博義・栗坪良樹、関口安義らの錚々たる顔ぶれが寄稿しているが、青山自身によって編まれた戦前の各種文学全集（現代日本文学全集・新日本文学全集・改造社、明治大正文学全集・春陽堂、現代長編文学全集・新潮社、三代文学全集・河出書房等）の月報細目が一堂に会したさまは、何と言っても圧巻であった。同じ試みは戦後の全集にも必要と考え、蒐集したものの一部から何が見えてくるのかを考えてみたい。

上述した戦前の全集の名前に「現代」「新」「明治大正」「三代」という名前が冠されていることにも明らかなように、明治以降のいわゆる近代文学のみで文学全集を編纂する場合には、こうした形容がなされるのが一般的であった。戦後もこの方式は踏襲される。一九六〇年代半ばまでの主要なものを、刊行開始の年で並べてみよう。四九年、河出書房『現代日本小説大系』、細川書店『現代日本文学選集』。五二年、角川書店『昭和文学全集』。五三年、河出書房『現代文豪名作全集』、筑摩書房『現代日本文学全集』。五五年、河出書房『日本国民文学全集』。五七年、角川書店『現代国民文学全集』。五九年、新潮社『日本文学全集』。六〇年、河出書房『日本文学全集』ワインカラー版、講談社『日本現代文学全集』。六二年、集英社『新日本文学全集』。六三年、河出書房『現代の文学』、筑摩書房『現代文学大系』。六五年、河出書房『日本文学全集』豪華版、等々。

「現代」「昭和」「新」などの限定詞が冠されていないものに、河出書房の『日本国民文学全集』『日本文学全集』ワインカラー版・豪華版があるが、これらにはすべて『万葉集』『源氏物語』などの古典文学の現代語訳が含まれているから、限定詞は不要なのである。すなわち、古典文学・近代文学の両方を含む場合は『日本文学全集』で、明治以降の作品だけに限る場合は『現代日本…』『現代国民…』『現代文豪…』の形が基本であったのである。

この流れを変えたのが、一九五九年から刊行を開始した新潮社の『日本文学全集』であり、第一巻・二葉亭四迷から始まる近代日本文学のみの全集に「日本文学全集」という名称を使用したのであった。それでも、この方式は、当時としては一般的ではなく、六〇年代前半の他社の全集には、相変わらず「現代」「新」という形容が付けられていたのは上掲の例から知られよう。結局、六五年の中央公論社『日本の文学』、六六年の集英社『日本文学全集』、六七年の河出書房『日本文学全集』グリーン版あたりで、新潮社の方式はようやく定着するのである。

そのあたりの事情を窺わせる資料を当時の月報中から拾ってみてみよう。河出書房『日本文学全集』ワインカラー版第二〇巻『永井荷風集』（六二年六月）の月報に、丸谷才一の「『足拍子』のこと」という文章がある。そこには、「あれはたしか新潮社の現代日本文学全集の月報だったと思うけれども、佐藤春夫氏が、永井荷風がなぜ小山内薫と不和になったのか判らないと書いていた」と書き起こし、その理由を小山内の短編小説『足拍子』にあるのではないかと推測しているのである。丸谷の言う「新潮社の現代日本文学全集」というものは実際には存在せず、これは上述した『日本文学全集』のことと思われる。そこで新潮社のほうの月報を見てみると、確かに『日本文学全集』第二六回配本第一四巻『永井荷風集』（六一年三月）の月報に、佐藤春夫の「悲劇的人物荷風」という一文が収められ、丸谷の引用どおりの論旨が展開されているのである。

ここで指摘したいのは、丸谷の記憶違いなどといったことではない。一九六〇年前後に新潮社から刊行されていた『日本文学全集』は、当時としては〈現代日本文学全集〉（傍点稿者）として認識するほうが一般的であったのではないかということである。月報の原稿は、書き手も依頼されてから短時間で、多少は気楽に書くものであろうから、叢書名の確認などは行わなかったのであろう。その結果、丸谷という知識人を媒介として、全集に対する当時の考え方、見方のようなものが今日に伝えられたのである。

上述した青山の『文学全集の研究』には、小文ながら重要な証言を含む「『補遺デカメロン』のチラシ」も採録されている。それに倣って、次に世界文学の全集のチラシから見えてくるものを見てみたい。

世界文学の全集は、『世界の文学』（中央公論社・集英社）『世界文学大系』（筑摩書房）などの一部を除いて、円本時代の新潮社『世界文学全集』以来、この名称で出版されるものが多い。その『世界文学全集』の中で、造本も含めて最高水準のものであると稿者が考えているのが、河出書房のグリーン版『世界文学全集』（五九年〜）である。収録作品の選定はもちろん、原弘の装丁になる鮮やかな緑色の造本と、目にしみるような真っ白な料紙、手にすっぽりと収まる読書に適した判型など、戦後の出版文化の傑作の一つといって

新潮社版・全十九巻

新潮社版

も過言ではない。団塊の世代を中心に、「グリーン版」という名前は特別な響きを持つものであったのである。ところがこの全集は、意外なことに当初は「小型版」「コンパクト版」と呼ばれており、「グリーン版」という名前が確定するのは、刊行開始から実に六年目、六五年八月、全体の九割程度の配本が進んだ段階なのである。そのことは、毎月の配本に挟み込まれたチラシの新刊案内・次回配本案内の記載を克明に辿ることによって、確実に跡づけられるのである。チラシとはいえ、あだや疎かにはできない恰好の例である。

個人の全集の月報やチラシも貴重な証言を含むことがある。川端康成の生前に企画された最後の『川端康成全集』（新潮社）は、全一四巻として出発したが、川端の没後に完結したものは全一九巻である。編集方針の変更による増巻で、それに伴い、内容見本も当初の全一四巻のものと、改編後の全一九巻のものの二種類がある。後者には「増巻の経緯その他」として「文芸時評」全四冊を中心に増巻した事情について詳細な説明がなされる。

第十五巻「たんぽぽ・竹の声桃の花」は、題名の示すとおり、未完の遺作長編と遺作集を一冊に収めた著者の死に伴う当然の増巻である。そして、第十六巻以降第十九巻まで、全四巻にわたる「文學時評」は、作家川端康成のもうひとつの貌、批評家川端康成に照明をあてる待望久しかった必用の書物となるであろう。

「増巻の経緯　その他」は編集過程について詳細に記述され、この種の内容見本の重要性を改めて痛感させられるが、これに月報やチラシの証言を追加すれば、この間の事情がさらによく分かるのである。

川端生前に刊行されていた、第一三巻（七〇年四月）に挿入された一枚刷りのチラシには「川端康成全集は、全十四巻として発表いたしまして、第一回配本以来ほぼ毎月刊行を続けて参りましたが、収録分量の関係上、一巻を増し、全十五巻とさせていただくことになりました」とあり、その二巻は「第十四巻　随筆・後記集成」「第十五巻　文學時評・美しい日本の私」などと記されている。実際に刊行された第一四巻（七〇年一〇月）の月報の末尾にも、「残る最終巻（第十五巻「文學時評・美しい日本の私」）は、来春四月刊行の予定です」と記されている。それが川端の不慮の死を経て、最終的に全一九巻として完成するのは上述したとおりである。『新潮社百年年総目録』の一九六九年四月一五日の項目に「『川端康成全集』全十五巻の予定で刊行を開始する」とあるのは、そのあたりの混乱が反映しているもので、六九年四月は一四巻の予定、七〇年四月は一五巻の予定、であったのである。

定期的に配本される各種全集の月報やチラシは、その時々の編集方針、進行状況、当時の空気などを時々刻々と伝えてくれる資料である。後年編纂された出版文化史や社史などでは、最終的な形を分かりやすくまとめているが、月報の編集後記やチラシなどは、刊行途中の混沌とした状況をも含めて生々しく証言する資料なのである。そうした月報から新しい発見があるたびに、日進ゲッポウなどと言って、一人で悦に入っているのである。

四　誤解から始まる読書

都市伝説ならぬ、読書伝説のようなものがある。うっかりほかの作品と誤解をして、別の本を読んでしまったというものが、その代表格である。伝説として広く流布するためには、その作品がよく知られた名作でなければならない。また、誰もがそのような状況に陥りやすい、似たような経験があるということも、この種の伝説には不可欠の条件である。

誤解による読書伝説の代表格はなんといっても『源氏物語』であろう。光源氏の物語を、『平家物語』の清和源氏版と誤解して、源義経や頼朝が活躍する物語と想像するのである。歴史物が好きな少年なら、八幡太郎義家や鎮西八郎為朝も登場するのではないかと考えるかもしれない。そう思って読み始めたら、衣川の戦いも、八丁礫の喜平次も、弓流しも八艘跳びもなにも出てこないのでがっかりしたという落ちになるのである。いかにも作られた話のようで眉唾ではないかと考える向きもあるかもしれないが、私自身この経験があるのである。

大学で国文学を専攻し、その後今日まで約四〇年間『源氏物語』を研究しているが、最初に手にした『源氏物語』は、小学校の三年生の頃、子ども向けに高木卓が抄訳したものである。講談社の『少年少女日本名作物語全集』(佐藤春夫他監修、一九五八年〜五九年、全二〇冊、四六判、紙函入。浜田広介『古事記物語』から伊馬春部『東海道中膝栗毛』まで日本古典文学を小学生向きに抄訳したもの)の第四巻であった。もちろんそのころから国文学研究を志していたわけではなく、小学校低学年向きの偉人伝で義経や為朝を読み、次いで講談社の『少年少女日本歴史小説全集』(和歌森太郎他監修、一九五七年〜五九年、全二〇冊、四六判、紙函入。海音寺潮五郎『蒙古きたる』、松本清張『決戦川中島・風雲の武将信玄』、南条範夫『少年天草四郎』など豪華な顔ぶれ、稿者の最愛読書は太田黒克彦『千早城の旗風』)などで『源氏の若武者』とか『八幡太郎義家』を読んで、同種の書物のつもりで手に取ったのが、高木卓版の『源氏物語』(一九五九年)であったのである。その時は、清和源氏の話でなかったことに失望し、光源氏の物語の面白さは十分に理解できなかったようだ。ただ、真野満の挿画は不思議に印象に残っている。後年、古書店でこの本に再会したときに、あ、この挿画だと懐かしくなった。さて、小学生当時は文学よりも歴史の方がやはり魅力的であったようで、もっと詳しい歴史読み物を求めて同じ和歌森太郎監修の『少年少女日本歴史全集』(集英社、一九六四年、全一二冊、菊判、紙函入。

第二部

第五巻「南北朝の悲劇」第一〇巻「あらしをよぶ幕末」は特に愛読の巻）などに移っていった。その後、ちょうど運良く中学生の時に谷崎潤一郎の新々訳の刊行に出会い、谷崎訳で『源氏物語』を通読して今日にいたるのであるが、谷崎源氏を手にする時に、どこかに高木源氏の記憶があったようだ。さすれば、誤解による読書体験と現在の職業とは、遠いところで繋がっていることになる。

血湧き肉躍る波瀾万丈の物語を期待して読み始めたら肩すかしであったという伝説が、もう一つある。姿三四郎の話と誤解をして、夏目漱石の『三四郎』を手にしたというのである。これは、タイトルそのものが重なるし、冒頭九州の田舎から上京するというのがいかにもそれらしい。間違えて読み始めたという話は、実際に高校の国語の授業の時に聞いたこともある。恐らくその先生は藤田進の『姿三四郎』（監督黒澤明）の映画を見た世代ではなかったか。

映画やテレビを見て、原作や関連本を読んでみようと思うのは自然な流れであろう。私自身もまたこうした誤解を受け入れやすい時代の中にいた。小学校高学年の頃は、御木本伸介主演の『柔道一代』、平井昌一主演の『柔』が相次いでテレビで放映されていたのである。曾我廼家明蝶をまねて「鉄壁の不動心！」と叫ぶのが少年たちの流行で、村田英雄や美空ひばりの歌を口ずさめば、気分は矢野正五郎や西郷四郎であった。強いものにもあこがれるし、一方で背伸びをして文庫本を読み始めた少年が、そのコーナーに『三四郎』というタイトルがあればごく自然に手に取ることになる。こうして読み始めた『三四郎』であるが、柔道は出てこないものの、なぜか不思議な面白さを感じた小説であった。その記憶があったので、中学校の図書館で古い新書版の漱石全集を読み耽ることになる。漱石道場に、姿三四郎の紹介で入門したという所だろうか。清水義範の『春高楼の』(講談社、一九九五年)という青春小説があるが、これは漱石の『三四郎』の世界と姿三四郎の世界を一度に楽しめる痛快小説である。ひょっとすれば清水も若い頃、二つの作品を誤解した経験があるのかもしれない。

以上二つの話は、どこかで耳にされたかたもあるだろうが、以下の二つの話は、伝説の域には達しないが、紛れもない私自身の経験談である。

まず、中学生の頃、獅子文六の『信子』を読もうとして、文庫本のコーナーに行き、誤って同音の『伸子』(宮本百合子)を購入してしまったことがある。これなどは、『源氏物語』や『三四郎』の誤解とは違って、表記が異なっているから、慌て者の失敗というべきかもしれない。ただ、きっかけは『三四郎』と同じく、テレビドラマであった。一九六五年六月にNHKで一回完結のドラマ『信子』が放映された。主演は林美智子である。前年から六五年にかけてのNHK朝の連続テレビ小説『うず潮』で林芙美子を演じた。『うず潮』

の舞台は当初は尾道が中心で、私の両親が尾道の対岸の愛媛県出身、林美智子も愛媛県出身ということで、一家を挙げてこのドラマを見ていた（日本中が熱狂した高視聴率番組でもあったが）。影響されやすい私はすぐに林芙美子の『泣虫小僧』や『風琴と魚の町』などの作品を読んでいたから、今度は『信子』だと思ったのである。ただ単発ドラマということもあって、作者名も曖昧であったのか、宮本百合子の『伸子』を引き当ててしまったのである。当時の文庫本としてはかなりの厚冊で、読み応えもありそうで、喜んで飛びついてしまったのである。坊っちゃんの女性版のような小説を期待したのだが、残念ながら中学一年生には歯が立たなかった。落差が大きすぎたのか、宮本百合子入門とは行かなかったのである。

うまく入門できたのは、太宰治である。これもまた誤解から入ったのであるが。

小学校最後の学年、東京オリンピックの頃だと記憶するが、安達明という歌手の『女学生』という歌謡曲がヒットした。元祖御三家や、梶光夫や三田明などの青春歌謡の路線に乗ったものであった。この楽曲が頭にあって、たまたま本屋で同じタイトルの作品を見つけた！と思ったのである。当時、偕成社の『少年少女現代日本文学全集』（一九六三年〜六四年、二四冊。のち増巻されて四〇冊、一九六五年完結）が愛読書で、その第一九巻の『太宰治名作集』に『女生徒』が入っていたのを、安達明の曲名と混同したのである。もちろん、歌謡曲の内容とは全く異なる世界であったが、失望するどころか、巧みな文体に引きずられるように、一挙に通読してしまった。さらにこの本には『女生徒』の男子版ともいうべき『正義と微笑』もあり、抄出だが、文章の端々を今でも諳んじているほど愛読し、『富嶽百景』や『津軽』も面白く読んだ。この偕成社版の全集は、中学生を主たる読者として作られたようだが、小学校高学年でも十分に手の届く作品選択や表記がなされていた。それだけに、『人間失格』や『斜陽』を周到に除外し、太宰の作品の中でも幅広い読者向きの中期の作品、それでいて語り口のうまさが発揮されたものを集め、格好の入門書であった。「少年少女向きに作品がよく選ばれている」（推薦のことば・中島健蔵）ことに特色があったから、文豪の代表作でこの叢書に入っていないものは「その他の作品紹介」で簡単なあらすじとともに紹介され「高校生になってから読むべき作品」「もっと大きくなってから読むことをおすすめします」などと、未来への架橋もなされていた。巻末の「人と文学」「作品の味わい方」の記述も水準が高く、もっと別の作品も読みたいという思いを熟成させるものであった。私自身は、中学校の図書館の筑摩書房『現代日本文学全集』で『人間失格』『斜陽』の太宰治と再会することになるが、偕成社版の『太宰治名作集』から、ゆっくりと太宰入門ができたことを幸運に思っている。

さまざまな誤解から始まった読書であったが、それを支えていたのは、一九六〇年代の少年少女向きの出版の層の厚さであったことを思う。そうした幸せを今の少年少女たちに分かつことができないかと思うのである。

五　与謝野源氏の挿絵や装丁のこと

与謝野源氏の挿絵といえば、真っ先に思い浮かぶのが『新訳源氏物語』初版（金尾文淵堂、一九一二～一三年）の中澤弘光の木版画である。私の学生時代には、神保町の山田書店などでは、木版の挿絵だけが切り取られたものに簡単な台紙をつけて五〇〇円から一〇〇〇円ぐらいで売られていたほどである。気に入った構図の若紫巻や賢木巻など数枚を求めて壁に貼っていたことがある。

中澤弘光の挿絵や表紙・函の美しさは今更繰り返す必要のない素晴らしさであるが、各巻巻頭の源氏香と組み合わせたカットや、見返しの同じく源氏香に配した各巻を象徴する彩色図柄も、デザイン性の美しさに目を見張るものがある。たとえば横笛巻では赤子に乳を含ませる雲井の雁の姿が木版挿絵で、巻頭には横笛を吹く夕霧の姿のカット、見返しでは横笛のクローズアップと、さまざまな意匠が楽しめるのである。

『新新訳源氏物語』（一九三八～三九年）の方は、当時の金尾文淵堂の置かれた状況も関わっていたのか、『新訳』初版の時とはうって変わって地味な造本である。挿絵はなく各冊の巻頭に正宗得三郎の扇面口絵がモノクロで掲載されるだけである。取り上げられるのは紅葉賀、花散里、野分、若菜上、御法、浮舟の六枚。それでも、住吉の反橋を描いた扉や、牛車から男性が顔をのぞかせる函絵（函絵の意匠は検印紙にも用いられている）などは地味な中にも洒脱なものがある。なお、『新新訳』初版の函には、所収巻名一覧を記したものと、それが無いものと二種類がある。デザイン性から考えて、巻名のあるものが先に作られ、無いものに改められたようである。

造本的にはやや不遇なスタートを切った『新新訳源氏物語』ではあるが、戦後、三笠書房、日本書房、河出書房、角川書店など多様な出版社から再刊され、様々な意匠をまとって再登場する。三笠書房は、社主の竹内道之助（藤岡光一）が装丁も多く担当するが、『全訳源氏物語（上下）』（一九五〇年）の頃は、時代もあって地味な造本である。三笠文庫版（一九五一、五二年）でも挿絵など一切無いが、吉村公三郎監督の大映映画『源氏物語』のスチール合計一四枚が巻頭にあるのが、今となっては貴重である。現今の角川文庫の生田斗真のカバージャケットなども将来は稀少になるかもしれない。

さて、『新訳源氏物語』が与謝野晶子の作品であると同時に中澤弘光の造形物でもあるとすれば、挿絵に恵まれなかった『新新訳源氏物語』に見事な彩りを添えたのは、カラー版『日本文学全集』の『源氏物語（上下）』（河出書房、一九六七年）である。これは、与謝野晶子と新井勝利の競作という言い方もできるぐらい、新井の作品世界を味わえるものである。まず、挿絵であるが、帚木巻の雨夜の品定めの場面や、紅葉賀巻の青海波など、伝統的な図柄の中にも色彩の美しさは秀抜なものがあり、若紫巻の中空に逃げた雀の姿を目で追う美しい少女の全身像を大きく描く方法や、行幸巻の鳳輦の中の冷泉院と供奉する鬚黒大将を並列して描いている図などは、特に目を奪われるものである。なお、図版を入れる場所のバランスからか、元服前の童姿の光源氏（桐壺巻）は帚木巻の冒頭近くに、上述した行幸の場面は次の藤袴巻に挿入されている。挿絵は雲隠巻を含めて全三一面、全体の六割弱である。叢書としての統一性もあり、挿絵総数には限界があったようだ。しかし、挿絵以外でも、各巻頭に添えられたカットも新井の手になるものであるし、挟み込みの月報の下絵も、月報の登場人物紹介に添えられた図も、特典付録としてつけられた絵葉書も栞も、すべて新井勝利の挿絵を使ったものであった。もちろん函にぐるりと巻かれた帯も挿絵から取られたもので、上巻は明石の上（明石巻）と玉鬘（螢巻）、下巻は夕霧（横笛巻）と紫の上（若菜下巻）である。

新井の挿絵を、全巻分すべて収めたものは『豪華版源氏物語』として全集とは別に、単行書として二年後に刊行される。三分冊で、賢木、篝火、早蕨の挿絵が上中下巻の巻頭口絵に用いられている。雲隠巻だけは挿絵が省略され、箱の装丁に転用されている。この本で新井勝利の源氏絵の全貌を知ることができる。背表紙、扉題、函背、函平、帙題箋には与謝野晶子の筆跡が用いられて花を添えている。

なお新井勝利の師である梶田半古は、『新訳源氏物語』の縮刷二冊（一九二六年）版の挿絵を担当しているが、幸いにも梶田の源氏絵は『名画で読む源氏物語―梶田半古近代日本画の魅力』（大修館書店、一九九六年）で見ることができる。また中澤の源氏絵は、労作『中澤弘光研究』（三井光溪、二〇〇六年）で窺うことができる。

さて、河出書房は一九七一年から『カラー版　日本の古典』という叢書を刊行する。名前からも窺えるが、カラー版『日本文学全集』と判型も同じ菊判、装丁も同じ亀倉雄策、解説にカラー写真を多用、色刷りの挿絵を本文中に挿入、月報の作り方まで通底するものがある。異なっているのは、『日本文学全集』の新井勝利の挿絵を改めて、上巻（若菜上まで）を安田靫彦、下巻（若菜下から）を平山郁夫と、異なった画風の二大作家の競作としたことである。七一年の段階では、大正期から活躍している歴史画の大家に、若き実力者が挑むという感じであったろうか。上巻の安田は、谷崎源氏以来の安定した作風で源氏物語の登場人物を生き生きと再現している。口絵の藤壺女御に始まり、帚木の雨夜の品定めの四人、須磨の光源氏を訪ねた頭中将などを伝統的な日本画の技法で巧みに描出する。

下巻の平山郁夫の三枚の挿画は対照的に、金泥で線描のように描き出すという大胆な手法である。赤地に秋の草花と夕霧の立ち姿を金色の線で浮き上がらせた場面や、青地に木の根に伏している浮舟と横川の僧都を同じく金で線描した場面は、高揚感や不気味さを見事に示している。平山の口絵は挿絵とは正反対に金色を地色に用いて若菜下巻の女楽の豪華絢爛たる様子を描いている。また上下冊を通して、全五十四帖の巻頭のカットを安田の弟子の佐多芳郎が担当している。カットといっても大ぶりの傑作であり、少女巻の、文机の上の筆・硯・巻物で勉学に励む夕霧を暗示し、遠景の雁と組み合わせて、引き裂かれた若い二人を象徴的に描き出しているものなど味わいのある物が多い。安田・佐多・平山の、明治・大正・昭和三世代を代表する画家の三人が渡り合っているといえるかもしれない。

一九八一年には『カラー版　日本の古典』から作品を精選して、判型も小型化して小B六判（全書判に近い）とした『日本古典文庫』を刊行する。小型化・低価格ということで、安田・平山の挿絵は省略されたが、今回は函のデザインがすばらしい。山種美術館所蔵の福田平八郎の「芥子花」（一九四〇年頃作）が用いられている。これは福田の代表作の一つで、本年（二〇一二年）の山種美術館のカレンダーの五月・六月に採用されている。「生誕一二〇年　福田平八郎と日本画モダン」展（二〇一二年五月二六日～七月二二日）で幸いにも原画と対面することができた。

芥子の花といえば、やはり『新新訳源氏』を収録している『国民の文学』（一九六三〜六四年）は函絵に土田麦僊の「罌粟」（一九二九年）を使っている。これも土田の代表作で、現在は三の丸尚蔵館の所蔵で宮内庁のホームページなどでも見ることができる。『日本古典文庫』は七年後に、新装版を刊行する。全巻統一の福田平八郎の芥子花をあしらった紙函を廃して、カバージャケットの並装となった。その代わり今回は、各冊カバーデザインが異なっていて、一冊一冊が楽しめる。『源氏物語』は三分冊で、上巻が新井勝利の薄雲、中下巻が平山郁夫の若菜下と宿木、上巻口絵にはは安田靫彦の須磨もあり、あたかもこれまでの河出の『新新訳源氏物語』の挿絵のカタログのようである。

（追記）二〇一四年には、『生誕一四〇年中澤弘光展』が開催された。画家と装丁家・挿画家の両面の業績を余すところなく伝える構成で、会場が三重県立美術館と横浜そごう美術館の二館のみであったのが惜しまれるが、図録も含めてきわめて充実した展覧会であった。

六　本の縁、人の縁

岡鹿之助の存在を強烈に意識したのは意外なことに、記念切手にもなった代表作〈雪の発電所〉などの作者としてではなく、『福永武彦全小説』（新潮社、一九七三年一〇月〜七四年八月）の装丁者としてであった。

「全小説」とは「全集」ではなく「小説」の集成の謂いであったから、一種の選集のようなものである。このころ新潮社は、研究者ではなく一般読者を対象とした手軽な選集（もしくは選集と全集の中間的なもの）を、「全作品」という名前のシリーズで相次いで刊行していた。「全作品」は、四六判の横幅を詰めたようなサイズの縦長の本で、新書版を少し大型にして、上製・函入りにしたような感じの本である。形状も手軽で、それでいて旬の作家の代表作を網羅的に読むことが出来る便利なものであった。一九六六、七年の『大江健三郎全作品』全六巻からスタートした。五年ほど同じ企画は途絶えていたが、七二年五月刊行開始の『安部公房全作品』全一五巻を七三年七月に完結させると、同年一一月からは『開高健全作品』全一二巻を、七五年、六年には『倉橋由美子全作品』全八巻、七七、八年には『大江健三郎全作品』第Ⅱ期全六巻とつるべ打ちにした。『福永武彦全小説』の方は典型的な四六判で、叢書名や形状こそ違うが、明らかに「全作品」と同種の思想の下に刊行されたものである。時期的には『開高健全作品』とほぼ雁行する。

筑摩書房の日本文学全集や河出書房新社の世界文学全集をもっぱら愛読していた田舎の高校生であった私は、当代の作家・作品に疎いことを痛感していたから、大学入学と同時に「全作品」シリーズに飛びついた。河出書房新社の『高橋和巳作品集』(一九七〇、七一年)『小田実全仕事』(一九七〇年刊行開始)なども含めて、貪り読んだ記憶がある。ただ欠を補うべくという思いがあったから、楽しみながら読むと言うより、目標を一つずつ達成するような読書であったことは否めない。まるで運動部の学生がプロテインを摂取し、定められた筋肉トレーニングに黙々と励むようなものであった。従って、読書の速度もかなり速く、必読の作品を片端から読破するという感じであった。

それが『福永武彦全小説』に取りかかったとたんに、その速度が急激に落ちた。面白くないからではない。逆である、読み飛ばすのが惜しくなったのである。出来るだけ長く福永の世界に、福永の時間に浸っていたいと思わせるものがあった。「全小説」の一冊を手にとって、『風のかたみ』の時代や『廃市』の空間、『風土』の時空間にいざなわれ、そこに留まるのは、至福の思いであった。そして、その福永の世界を文字通り囲繞していたのが外函に描かれている岡鹿之助の絵であった。こうして福永武彦と岡鹿之助の名前は、私にとって懐かしいものとなったのである。もちろん大学生の頃だから購入できたのは定価一〇〇〇円の〈普及版〉の方、四倍の値段の〈愛蔵版〉には手が出なかった。後年〈愛蔵版〉の方も重ねて所有したが、背皮・レルマ紙表紙・本金箔・布製貼函の〈愛蔵版〉よりも、函の表に各巻異なる岡の絵が描かれている〈普及版〉の方が、今でも愛着がある。ずいぶん読み耽って痛んではいるが、その頃の記憶がなくなるようで、買い改める気持ちにはならない。その後、福永の限定本を二、三求めたり、高村光太郎の葉書や書簡のうち、福永宛のものを手に入れたりしたが、岡鹿之助の方とはあまり縁がなかった。

その岡鹿之助の旧蔵書を古書目録で見るようになったのは、ここ一、二年のことである。ある古書店の目録には福永武彦の署名入りの岡鹿之助の旧蔵書が数冊あったので注文したが、逃してしまった。同じ時に注文した川端康成の『舞姫』（朝日新聞社、一九五一年、装丁岡鹿之助）や、限定本の『千羽鶴』（筑摩書房、一九五二年）『山の音』（筑摩書房、一九五四年）の岡鹿之助宛川端康成献呈本の方はすんなり入手できたのであるが。川端の署名本の方が競争が激しいかと思ったが、岡と福永の組み合わせの方が誰にも魅力的であったのであろう。その後も、岡鹿之助、海老原喜之助、三岸節子他の素描が入った『定

本　蛙』（大地書房、一九四八年）の限定番号一五号、岡宛草野署名箋入、などを入手したが、多数残っているはずの、岡鹿之助旧蔵の福永本とは不思議なことに出会いがなかった。

それがこの七月に送られてきた龍生書林の古書目録に『随筆集　枕頭の書』（岡鹿之助宛福永武彦署名入り）とあり、今回は運良く手に入れることが出来た。この本は、見返しの部分が濃い青であるので、献辞は朱筆で書かれている。かつて仏文学者・翻訳家の山内義雄の著述と旧蔵書という展示の解説を書いたときに、同書の山内宛の献呈本を見たが、そちらもやはり朱筆で記されていた。

今回は同じ目録に『水上勉選集』（福永武彦宛水上勉署名入り）という本などもあったので、併せて届けてもらった。もともと私は、著者と旧蔵者の顔を思い浮かべながら本を読むのが好きで、川端康成『僕の標本室』（新潮社、一九三〇年）は片岡鉄兵旧蔵本で、亀井勝一郎『現代人の救ひ』（桜井書店、一九四二年）は太宰治旧蔵本で、戸板康二『日本の俳優』（東京創元社、一九五五年）は安藤鶴夫旧蔵本で、楽しんでいる。献辞などが入っているから、筆蹟も同時に味わうことが出来て、密かに「名書旧蹟」と名付けて悦に入っている。

『水上勉選集』は一九六八年六月から一一月に掛けて新潮社から刊行された四六判布目

装の瀟洒な造本で、函の背と平の「水上勉選集」の文字は篠田桃紅の手になる。『雁の寺』『五番町夕霧楼』『高瀬川』を収載した第一巻が第一回配本で、この冊の見返しに「福永武彦様　水上勉」と、水上らしい流れるような筆遣いで墨書されている。同書によって久しぶりに片桐夕子や櫟田正順たちに再会した。

次いで『随筆集　枕頭の書』の方に取りかかる。こちらは『水上勉選集』のちょうど三年後、一九七一年六月に、同じく新潮社から刊行されたもの。四六判函入りソフトカバー装。函と表紙を黄色、黄緑色、橙色も鮮やかな熊谷守一の絵が飾っている。岡の装丁でないのは残念だが、この三年後にやはり新潮社から刊行される同一シリーズの随筆集『夢のように』の装丁を岡が担当する。『枕頭の書』が贈呈されたときには、そうした話も出ていたのであろうかといろいろ想像をめぐらしながら頁を繰る。

読み進めていく内に「水上勉君はすなわち「勉《べん》ちゃん」である」という一文で始まる「花の縁」という文章に出会った。水上勉に教わって、丹波の常照皇寺のしだれ桜などを見に行くという話である。水上が岩村田の病院の福永を見舞ったことから書き始め、「花の盛りにめぐりあうのも縁、よい友達にめぐりあうのも縁である」としめくくられる。そしてこれが『水上勉選集』第一巻の月報に書かれたものであったのである。

つまり月報に一文を寄せてくれた福永に献呈された『水上勉選集』と、その文章を再録した『枕頭の書』が、同時に我が書架を訪れたのである。前者は福永武彦の旧蔵書、後者は岡鹿之助の旧蔵書であるから、もともとは別々に大切に所蔵されていたもの。それがたまたま同じ古書肆に身を寄せ、偶然にも同じ書籍小包で私の手許に送られてきたのである。「花の縁」ならぬ「本の縁」「人の縁」であった。

慌てて、『水上勉選集』の第一巻を開いてみたが、この巻の月報は挟まれていなかった。他の巻の月報はほぼすべてそろっていたにもかかわらず。残念ではあるが、福永がこの月報だけ取り出していたのであろうと思うと、『雁の寺』の慈念が、南嶽の描いた雁の襖絵のうち母親雁の部分だけを奪い取って行ったように、この月報自体は行方知れずの方が良いのであろうという思いもするのであった。

七　古書目録に見る村上春樹の署名本

三省堂書店のメールマガジン「クラブ三省堂通信」一〇四で、四月一四日からの週で、三人の「村上」が上位を独占したことを知った。二位と三位が、八日に本屋大賞を受賞した『村上海賊の娘』上下（和田竜、新潮社）で、一位が、一八日に発売されたばかりの村上春樹の短編集『女のいない男たち』（文藝春秋）である。

ちょうど一年前の『色彩を持たない多崎つくると、彼の巡礼の年』（文藝春秋、二〇一三年四月）と同様に、発売日には書店にこの本のピラミッドができたのだろう。『色彩を持たない…』の時は、発売初日に書店に積み上げられた本が完売というニュースが駆け巡った。その日のうちに卒業生から感想を述べたメールが到着。出遅れた私は、数日後羽田空港第一ターミナルの書店の前を通りかかったときに、遠くからこの書名の掲示を目にして「しめた」と思った。さすがに空港の本屋は穴場だなと思って近づいたら、ここでも品切れ入荷待ちの案内で、驚いた記憶がある。半月後には増刷の一冊を無事入手できたのであるが。その時に比べると大騒ぎはやや沈静化した感じがするが、ゲームソフトのように発売前夜から行列があるとは驚きである。それも二年続けて四月に。こうした「春の珍事」は、出版界にとっては大歓迎であろう。同じく野球の喩えならば、特大ホームランを連発する村上春樹の姿は、ごひいきのヤクルトスワローズのバレンティン選手のようなものであろうか。

六月には埼玉・東京で蜷川幸雄演出『海辺のカフカ』の再演もある。一昨年（一二年）の時とは主要キャストが総入れ替えに近いが、ナカタさんや星野君（連想だが、中田賢一も星野仙一も中日の背番号二〇番コンビだ、中田の入団は『海辺のカフカ』発表後なのであるが、不思議な因縁だ）らは不変で、特にナカタさんの木場勝巳が今回も加わっているのは嬉しい限りである。前回の埼玉公演では、この人の好演が舞台を引き締めていたからだ。これを契機にまたこの小説がブームを呼ぶことになるであろう。

もう一つ、村上春樹人気を証明するものの一つに、古書業界における村上春樹署名本の価格の急上昇がある。そのことについては、一年ぐらい前、青猫書房の阿部秀悦氏が目録のあとがきでため息混じりに述べていたが、良心的な青猫さんの値付けであってもその号の目録の署名本にはまったく手が届かなかった。そういえば、明治古典会七夕大入札会でも、村上春樹の署名本は、このところ毎年のように出陳されている。

二〇一〇年には『走ることについて語るときに僕の語るもの』の英訳レビュー版にローマ字でサインしたもの（後述する波千鳥の印がある）。一一年には同じく英訳『海辺のカフカ』の千部限定版（ローマ字署名入り）。一二年には限定版『中国行きのスロウボート』。一三年には『走ることについて…』の日本語版、これに加えて吉本隆明の「村上春樹『ノルウェイの森（上下）』」の草稿も出陳された。

それでは、一般の古書目録などで見る村上春樹の署名本にはどのようなものがあるのだろう。小説に比べると、エッセイ集、紀行文集がやはり流通が多いようだ。中でも『もし僕らのことばがウィスキーであったなら』（平凡社、一九九九年一二月）と『村上ラヂオ』（マガジンハウス、二〇〇一年六月）の二冊は、古書目録を注意深く見ていると比較的目にする機会が多い。前者は青ペン横書きの署名の上にお馴染みの波千鳥の印が押されている。村上陽子夫人撮影の写真入りであるから署名がなくても村上ファンなら欲しくなるものであろう。後者は、同じく青ペン横書きの署名の下に「HARUKI　MURAKAMI」の印が押されているが、名前の上に、桜の花びらに「春」とある印や、ウサギの印など異なった印影があるので、複数集めてみたくなるものである。ウサギと言えば、安西水丸の絵が楽しい『村上かるた　うさぎおいしーフランス人』（文藝春秋、二〇〇七年三月）は、カバージャケットと同じく、フランス国旗を持っているウサギの絵を見返しにさらさらと描いた安西の署名本がある。安西氏にはもっともっと楽しい絵をたくさん描いて頂きたかったものだ、ご冥福を心からお祈りする。このジャンルの大作『遠い太鼓』（講談社、一九九〇年六月）にはシンプルに黒のサインペンで村上春樹の署名のみを記したものがある。また『おおきなかぶ　むずかしいアボカド　村上ラヂオ2』（マガジンハウス、二〇一一年七月）発売時の紀伊国屋書店新宿本店のサイン会の準備で、当時の店長が身を（骨も）粉にして奮闘した経緯は永江朗『新宿で85年、本を売るということ』（メディアファクトリー新書、二〇一三年二月）に、ユーモアあふれる筆致で記されている。

小説類はさすがに愛蔵されているものと見えて、署名本はほとんど見ることがない。きちんとメモを取っていないが『世界の終わりとハードボイルド・ワンダーランド』（新潮社、一九八五年）は手許にあるもの以外に、かつて古書目録で二度ほど見た記憶がある。もちろんこの二冊が同じ本である可能性はあるが。最近では、昨年秋の『神田古本まつり特選古書即売展出品目録抄』に日本書房が出品していた。

献呈先の明記されているものとしては、『ジョン・フォードの旗の下に』（筑摩書房、一九九七年）などの翻訳で知られる高橋千尋氏宛の『羊をめぐる冒険』（講談社、一九八二年一〇月）がある。坪内祐三「村上春樹は高橋千尋さんの隣人だった」（『本の雑誌』二〇一三年一月号）では、『映画をめぐる冒険』（川本三郎との共著、講談社、一九八五年）に

「うちの隣家におすまいのジョン・フォード研究家高橋千尋氏」という記述があることに言及しているが、川本三郎のあとがきには「『ツィゴイネルワイゼン』に出てきた藤田敏八の家のような」村上の家での話がこの本のきっかけであると書かれている。その村上春樹と高橋千尋とは『ハッピーエンド通信』一九八〇年五月号の「映画月評」(取り上げた作品はシドニー・ポラックの『出逢い』)で対談している。対談場所は村上家?高橋家?などと考えると楽しくなる。『通信』は前年の創刊時から異彩を放っていた雑誌だが、八〇年二月号から質量共に一層充実し、以降村上春樹は毎号寄稿している(二月号には「失われた三時間」終刊号には「マイ・ロスト・シティ」の翻訳がある)。『通信』の七月号では藤田敏八自身が「ツィゴイネルワイゼン」について語っており、これも不思議なつながりである。『ハッピーエンド通信』の村上・高橋の対談が八〇年、『映画をめぐる冒険』が八五年だから、『羊をめぐる冒険』の署名が書かれたのはちょうどその真ん中あたりとなる。

村上春樹の署名本で最も有名なものは、湯川七二倶楽部の第四回配本の『中国行きのスロウボート』である。著者本を含めて限定一〇八部で、名刺大の署名箋が挟まれている。「樓」「根」の限定番号(会員番号)のものを実見した。刊行はなんと、一九八四年!のことである。はじめは二、三万円程度の古書価であったが、『玉英堂稀覯本書目』二二四号（一九九五年二月）が六万五千円の値を付けたあたりから急上昇を始め、一昨年の明治古典会の底値が三〇万円。『森井書店古書目録』五〇号（二〇一二年一二月）の三五万円あたりが良心的な値段と思われる。昨年末の『全大阪古書ブックフェア合同目録』（大阪古書組合、二〇一三年一二月）には、浪速書林が三六万円台の値段で出陳していたが、これも注文が重なったのではなかろうか。造本と署名と作品そのものと、何拍子も揃ったものであるから。

署名本人気が高まれば、肉筆原稿など自筆ものの人気もそれと雁行するのだが、かつて一部古書業界に流出した村上原稿については、村上春樹自身に「ある編集者の生と死――安原顯氏のこと」（『文藝春秋』二〇〇六年四月号）の発言がある。上述した『映画をめぐる冒険』を読んで稿者は舌を巻き、原作フィッツジェラルド、監督川本三郎、脚本村上春樹、音楽久石譲、主題歌は鬼束ちひろの「私とワルツを」という『マイ・ロスト・シティ』を夢想したものだが、『映画をめぐる冒険』もまた、鬼才安原が手がけたものであった。中川道弘急逝のため惜しくも最後の目録となった『上野文庫在庫目録』八号（二〇〇三年六月）には、この本に収載された「その男ゾルバ」「ジュリア」などのペラ原稿が掲載されていた。いろいろと因縁のある本である。

最後に、一九八五年一〇月一六日の日付入りの安原顯宛の献呈本『西風号の遭難』（ヴァン・オールズバーグ、村上春樹訳、河出書房新社、一九八五年九月）を紹介しておこう。『映画をめぐる…』刊行の二ヶ月前のことである。署名本を手にする時、人は去り、本は残る、という粛然たる思いにとらわれるが、この本などは特にその感を強くするものである。

八　生誕百年立原道造展のことなど

立原道造は一九一四年七月の生まれであるから、今年二〇一四年は生誕一〇〇年の節目の年となる。東京都文京区弥生にあった立原道造記念館が健在ならば、さぞかし賑わったことであろうが、同館は二〇一二年二月に、惜しまれつつ閉館した。前後して窪島誠一郎氏の信濃デッサン館内に立原道造記念展示室が作られ、常設の空間がかろうじて維持されている。デッサン館内の空間を仕切ったもので、寝殿造の塗籠《ぬりごめ》を連想させるが、広くない部屋であるだけに、立原が身にまとっていた空気も封じ込められている特別な空間のように感じられる。

常設の記念館はなくなったが、立原道造記念会は継続しており、生誕一〇〇年と言うことで、軽井沢高原文庫（四月二四日〜七月一四日）、堀辰雄一四一二山荘（高原文庫中庭、七月二五日〜九月三〇日）、深沢紅子野の花美術館（七月一日〜一一月三日）で展示が計画されたので、立原の「草に寝て」ではないが、「六月の或る日曜日に」軽井沢まで出かけてきた。

軽井沢駅構内の観光案内所に置いているフリーペーパー『るるぶFREE軽井沢』一四年春号では、冒頭の「特集　軽井沢探訪」で「五月のそよ風をゼリーにして…　―夭折の詩人・立原道造と信濃追分―」として見開き二ページで取り上げていた。石本設計事務所でのおなじみのポートレート、高原文庫庭前の詩碑、犀星一家との写真、現在の油屋旅館の写真とともに、小さくではあるが「軽井沢高原文庫…四月二四日～七月一四日「生誕一〇〇年記念立原道造展」を開催予定」と記されている。この文面が一人でも多くの人の目にとまることを祈るような思いだ。

高原文庫の展示スペースはきわめて限定された空間であるが、決して窮屈に感じることはなく、最良・最善のものを凝縮した展示がなされている。しかも総花的ではなく排列に明確な主題が確立されているから、味わいながらゆっくりと見る。今回は生誕一〇〇年にふさわしく、五つの主題を立てて、文学、美術、建築の、立原の三要素をバランスよく集めたものであった。立原の建築家としての側面は、それまでも注目されていたが、なんといっても立原道造記念館の果たした役割が大きい。開館一周年記念特別展『立原道造と生田勉　建築へのメッセージ』（一九九八年）翌年の夏期企画展『立原道造・建築家への指向』など、実に鮮やかな切り口であった。そしてそれらが豊穣な稔りとなって結実したのが筑摩書房版『立原道造全集』第四巻（二〇〇九年三月）である。初めてこの冊を目にしたときは大げさでなく瞠目した記憶がある。六四ページものカラー口絵に加え、建築図面やスケッチを一〇〇ページ近く費やして細大漏らさず掲出する。本書によって初めて建築家立原の全貌が明らかになった。かつての山本書店版や角川書店版の全集もそれぞれに味わい深いもので、重ねて所有しているが、筑摩版全集はそれ以前のものとは隔絶した完成度の高いものである。筑摩の個人全集としては、学生時代に刊行の始まった『樋口一葉全集』の第一回配本を手にしたときと同じぐらいの感動であった。

展示の中ではやはり文学作品や書簡に目がとまる。『萱草に寄す』特装本二種・楽譜本、『暁と夕の詩』特装本・B版楽譜本・B版マーブル装本などの前で佇むこととなる。特装本の表紙も何種類もあり、本文料紙、彩色の有無などさまざまな異本があるから、それらを一堂に会させて見ることができたらと思う。書簡に関しては、表裏を見せるため複製ではあるが、青森県蔦温泉にいる生田勉に宛てた立原・小場晴夫の寄せ書きの葉書が展示されているのが嬉しかった。「盛岡はどうだつた…、十和田はよかつたでせう…」と、二人の文章は見事なハーモニーを形成している。この葉書が好きなので、複製販売されている生田勉宛の葉書セットを何部も購入しているぐらいだ。もう一つ、ほとんど伝説となっている、紙ナプキンに書かれた水戸部アサイ宛の手紙（長崎への旅の途中、当時福岡県若松市にあった丸柏百貨店の喫茶室で書かれた）を実見できたことも感激であった。

壁面を使った展示の反対側に、一階からの吹き抜けの空間を背景にするように展示スペースが設けられている。一つ一つの小ブースが、犀星と立原、堀と立原、油屋旅館と立原というように、小世界を形成している。中で目を引いたのは、立原の併走者であった津村信夫『愛する神の歌』と、立原も出席した同書出版記念会の写真（『風信子』第五輯口絵）のブースである。昨年の『神田古本まつり　特選古書即売展出品目録抄』には、かわほり堂が『愛する神の歌』の立原道造宛の献呈本を出陳し目を見張った。『愛する神の歌』を「懐かしくてたまらない」（『四季』第一五号）と評した立原自身の元にあった本である。最近の神田古本まつりの目録は貴重な資料も多く見逃せない。

立原道造と縁の深い追分の油屋旅館の内部は、改装されてモダンな建物となっている。同時に「油やプロジェクト」として様々な意欲的かつ魅力的な取り組みを行っていて、本館二階は夏期には宿泊もできるようだ。一階は洒落たギャラリーでカフェや古本コーナーとなっている。別館の方には、この日、西秋書店、中野書店、徳尾書店などが臨時で出品しており、ガラスケースの中には野田書房版『風立ちぬ』や、『枕頭の書』福永武彦自筆原稿などもあった。すぐ近くの古本屋追分コロニーも水準が高く、是非信濃追分まで足を伸ばしてほしいものだ。こちらに向かうには、本数は少ないが、町内循環バス西コースが便利である。油屋旅館や追分コロニーの近くに昇進橋バス停があり、ここからしなの鉄道信濃追分駅（駅裏ロータリー）、中軽井沢駅（駅前ロータリー）などを結んでいる。昇進橋～中軽井沢駅間の料金は二〇〇円、乗車時間も三〇分弱で、車を利用しないときには最適の交通手段である。若い頃、軽井沢駅から油屋旅館の少し先の追分公民館（立原の「村はづれの歌」の詩碑がある）まで自転車で行ったことがある。しなの鉄道二駅分ぐらいなら大したことはないと甘く見たのであるが、中軽井沢から追分まではかなり急な上り坂で暑さも加わってふらふらになった。年齢を考え今はそんな無謀なことはしない。

しなの鉄道中軽井沢駅の駅舎の西側は軽井沢町立図書館（中軽井沢図書館）となっている。「図書館と旅は最強のコンビ」（小西和信「図書館めぐり―文芸作品に描かれた図書館入門2」『日本古書通信』二〇一四年六月号）であるから、一日の小旅行であっても、最後に行くのは図書館が望ましい。一階は入口、受付カウンター、児童書コーナーなどでさほど広くないが、階段を上って二階にいくと、広々とした開架閲覧スペースがある。基本図書・各種辞書・全集から新しい読み物まで、幅広くバランスのとれた選書がなされている。軽井沢ゆかりの作家コーナーもあり、郷土資料コーナーの充実ぶりは特筆すべきものがある。本と地域に愛情を持っている人々が作り上げ守り続けている図書館である。閲覧中の学生・生徒、大人たちも、思い思いに本やノートや雑誌を広げ、それぞれの世界に静かに沈潜している。図書館は職員と蔵書とそして利用者が作り上げるものだという思いを新たにする。高原文庫同様に、ここでもゆったりと時間が流れていた。

書架を見ると多くの全集や叢書が函入りのまま排架されている。スペースや利用の問題があって、図書館では函を廃棄するのが原則のようだが、元宮崎公立大学図書館長田中薫氏の提唱する図書博物館のような可能性も模索すべきであろう。中軽井沢図書館も可能な限り書籍をありのままの姿で保存し利用者に供する立場のようだ。ジャケット装の場合、面白い惹句や内容を簡潔に示す文言の記載された帯は、切り取って見返しに貼り付けてあった。こうした手間のかかる作業は本当に本好きでないと思いつかないものである。書架に『立原道造全集』（筑摩書房、二〇〇六～一一年）が函入りで並んでいるのを見たときは、高原文庫の帰途だけに涙が出るほど嬉しかった。この全集では、立原が『萱草に寄す』のカットに使った「笛を吹く少年（ルウドウイヒ・コズマ）」を函の表に描き、裏側には立原の自筆サインがデザインされている。本冊の扉には同じくコズマの「木陰で本を読む少年」が用いられており、それらが一体となって立原の世界を構成しているのである。その意図を汲み、函のまま保存する図書館に出会えたことで、立原道造の世界に浸った一日を幸福な思いで終えることができたのである。

九　菊地信義と神奈川近代文学館

本年（二〇一四年）五月末日から七月末にかけて、神奈川近代文学館では「装幀＝菊地信義とある「著者50人の本」展」が開催された。

近年、装丁を論じた著書は多く、田中薫『本と装幀』（沖積舎、新装版〇三年）、臼田捷治『現代装幀』（美学出版、〇三年）、大貫伸樹『装丁探索』（平凡社、〇三年）、小泉弘『デザイナーと装丁』（印刷学会出版部、〇五年）、西野嘉章『装釘考』（新版、平凡社ライブラリー、一一年）などの好著が次々と刊行されているが、なかでも『装幀談義』（筑摩書房、八六年）『新・装幀談義』（白水社、〇八年）『装幀思案』（角川学芸出版、〇九年）などの菊地信義は別格である。

文学館、博物館においても、装丁を主要テーマとした大小の企画が見られ、「装丁浪漫・ブックデザイン懐古」（さいたま文学館、〇五年）、「装幀の美・恩地孝四郎と犀星の饗宴」（室生犀星記念館、〇九年）、「本の美・装幀と挿絵」（武者小路実篤記念館、一一年）、「書物の可能性を信じる・よみがえる鏡花本の世界」（泉鏡花記念館、一四年）と、枚挙にいとまがないが、二〇年近く前に「文学の挿絵と装幀展」（九七年）という先駆的な試みをした神奈川近代文学館もまた別格である。

この二つの組み合わせであるから、展示が面白くないはずがない。五〇人は、埴谷雄高、井上光晴、粟津則雄から、中上健次、立松和平などを経て、平野啓一郎、田中慎弥に至る豪華なラインナップである。辻井喬、加賀乙彦など、個人的にも好きな作家のコーナーは特にじっくりと見る。古井由吉『槿』や澁澤龍彦『高岳親王航海記』など、装丁に惹かれて購入した本との再会はことさら嬉しかった。そうした中で、度肝を抜かれたのは埴谷雄高『光速者』（作品社、七九年）である。埴谷の頭蓋内部をCT装置で撮影した写真を装丁に用いたもので、「マルコヴィッチの穴」（九九年）よりも二〇年も前に、こうした発想が可能であったことに驚かされた。

文学館側の工夫についても触れておこう。装丁がテーマであるから、一つの本を複数用意して表と裏を同時に見せたり、函と本体を並べてみせるなど様々な工夫がなされている。それでもガラスケース越しの展示は、やはり隔靴掻痒の感があると思っていたら、なんと平台に展示されて手に取ることができるコーナーが設置されていた。前後左右上下天地様々な方角から見ることができるし、カバーを外して広げることもできる。中沢けい『ひとりでいるよ一羽の鳥が』（講談社、八三年）などは、カバージャケットを表と裏の両側から見て、さらにジャケット裏と本冊の表紙とを近づけてみて、この本の装丁の面白みが本当にわかるもの、手に取らないとそのことは感得できない。実にすばらしい試みだ。

神奈川近代文学館は、展示会や講演会に参加する以外に、所蔵資料の閲覧もできる。実は私たちが頻繁に訪れる建物は展示館で、閲覧室のある方が本館なのである。今回は、菊地信義の装丁本は閲覧室でも見ることができるので、本館にも回ってみた。こちらには、井狩春男『本屋通いのビタミン剤』（筑摩書房、九〇年）があった。鈴木書店が元気であった頃を思い胸が締め付けられる。かつて稿者の勤務していた大学の生協書籍部が、経費の関係から鈴木書店を取り次ぎから外して日販に一本化した時は、強く抗議したものだが、あのとき抵抗し続けなかったことが悔やまれる。それでも井狩の達意の文章が、薬袋をデザインした菊地の装丁をまとってこうして残っていることが救いである。続いて『清水義範本人の愛好本』（講談社、九一年）を手に取る。白いカバージャケットの切れ目から本冊の赤い色が見えるのは、展示にあった谷川俊太郎『詩の本』と同じだなと思ったら、あにはからんや、ジャケットそのものが表白裏赤（まるで桜襲《さくらがさね》だ！）の二色であり、それを折り返して隙間を作ることにより、裏側の赤い色が帯のように見えるのであった。手に取ることにより装丁の醍醐味を堪能することができたのである。

こうなると、菊地の装丁でこれらの本を再読したくなって、文庫本で持っている『ひとりでいるよ一羽の鳥が』や『本屋通いのビタミン剤』を、改めて日本の古本屋を通して購入する。偶然だが、浪月堂書店と百間堂書店とどちらも北海道の本屋さんであった。北海道の古書店はどんな本でも丁寧に保存しているので安心だ。そう言えば、かつて光文社の文庫判の『日本文学選』の書誌を調べていた頃、北海道の古書店から購入したものが圧倒的に保存が良かった。『日本文学選』は戦後すぐの出版なので、紙質も最悪な時代のものであるが、北海道の人が本を丁寧に扱うのか、古本屋さんの努力なのか、大いに感心したものである。お陰で、井狩春男の手書きの名著『文庫中毒』（ブロンズ新社、九二年）の書誌情報を二冊ほど補うことができた記憶がある。今回菊地信義の装丁に魅せられてジャケ買いをした本も北海道から美本が飛んできたのであった。

装丁や挿絵の展示を見て、同じ装丁者の本を集めてみようと思っても、展示会場で見た本や解説目録に記載されているもの以外の本を探すのは意外に大変である。装丁関係の書物は良き案内人であるが、網羅的にデータを挙げるものではない。古書目録の類は、装丁に関してもっとも自覚的な文献であるが、当然ながら目録に記載されている書籍の範囲にとどまる。ただ、古書店のデータに着目した『装丁家で探す本　―古書目録に見た装丁家たち―』（かわじもとたか編、杉並けやき出版、〇七年）という大変な労作があることを付記しておく。

今日では、発達した書籍の検索システムで、同じ著者の本はたちどころにデータを知ることができ、類似のテーマの本を探すことすら連想検索（まだまだ改良の余地はあるが）という手段がある。ところが装丁者を基準に本を探す道は閉ざされているようである。こうした場合でも、神奈川近代文学館は強い味方になってくれる。

大学図書館・公立図書館・文学館・博物館のどこでも、所蔵図書のデータをOPACで公開しているが、神奈川近代文学館には、ほかの図書館などにはない独自の検索項目を有しているのである。図書資料に限られるが、検索項目の欄をプルダウンすると、「装幀・装画者名」が出てくる。つまり装丁者や装画の作者から図書を単独検索することができるのである。国会図書館や、各種博物館・文学館でこの項目が立項されている例は寡聞にして知らない。日本近代文学館はさすがにフリーワードの中で装丁者名をある程度拾うことができるが、現時点では神奈川近代文学館の方に軍配が上がる。

一例として、最近入手した風巻景次郎『源氏物語』（福村書店、国語と文学の教室、五二年）の庫田叕の装丁が気に入ったので、ほかにどんな本を装丁しているか調べてみた。神奈川近代文学館の検索では実に四六六件がヒットする。この中には、筑摩書房版小学生全集・中学生全集・世界文学大系など大部の全集があり、それらが一冊一冊表示されているから、全集をまとめて一つと数え、改版による重複などをのぞいても、約一四〇種類のものが検索できる。日本近代文学館の検索では一二件（シリーズを纏め重複を除くと四件）である。それでも日本近代文学館は、庫田の装丁のもっとも著名な『人間失格』（筑摩書房、四八年）や、河出書房の『現代文豪名作全集』を検索できる。国会図書館のキーワード検索では『庫田叕展図録』など五件が該当するが、装丁・挿絵に関するものは一件のみである。情報学研究所のC・i・N・i・i　Ｂｏｏｋｓの検索では少し多く二一件が該当するが、ここには『人間失格』は出てこない。

結局、今日、装丁者を中心にして本を探すとすれば、神奈川近代文学館の蔵書検索を利用するか、もうひとつは「解説」の項目が充実している日本の古本屋の詳細検索に装丁者の名前を入れて検索するしかない（ただし解説の項目だけで単独検索はできない）。庫田叕の場合は、箕面市の古書店彦書房に、富士正晴『贋・久坂葉子伝』中村光夫『文学のあり方』瀬沼茂樹他『文学と性』平野謙『文芸時評』など庫田の装丁本が多数揃えられていることがわかるが、単独検索ではないので限界がある。工夫して探してみると、庫田の自筆資料などを含めて日本の古本屋では約二〇種類の資料を確認することができた（二六年八月一日現在）。ただこれらは現品が流通しているものに限定されるので、やはり図書館・文学館のデータにこそ、装丁や装画の情報は欲しいものである。現段階では、書誌作成の基本情報として認識されていない独自の項目であるために、神奈川近代文学館の担当者が手作業で行っていると思われる。そのため作成途上ではあるが、その作業の困難さと、得られる情報の重要さを考えると、頭が下がる思いである。どんなに称揚してもし過ぎることはない。神奈川近代文学館の先駆的な試みに呼応する文学館や図書館が現れ、そして一般的な書誌事項の一つとして装丁者・装画者の名前が記される日が来ることを鶴首するものである。

一〇 「ハコモノ」賛歌

「コンクリートから人へ」という美しいキャッチフレーズが色褪せたと思ったら、「昔の名前で出ています」と言わんばかりの、ハコモノ行政の復活を讃仰しているのではない。「ハコ」は「函」または「箱」で、書物の外装のことである。

といっても、極美の外函や袋の有無が古書価を一桁あげるような稀覯本の話ではない。鏡花研究の大家と同僚になったのだから鏡花本の一冊も買ってみるかと思ったら（ことほどさように、私の蒐集は自発的でなくかつ散漫である）、極美の外袋だけが少しの傷みもないように包装されて届けられ、これにふさわしい本体を探します、という世界であった。とても私のような素人が関われる世界ではなく、おさだまりの量産本に戻ることになる。

文学全集や個人全集をぼつぼつ調べているが、全集だから当然同じ函と思うと、あにはからんやである。かつては全集類が勢いがあったからしばしば重版される。その時に装丁が微妙に変化することがある。たとえば『筑摩現代文学大系』は重版の時に函のデザインと表紙の色が変わっているから、よく見れば見分けがつくものである。ところが同じ筑摩書房でも『現代文学大系』では、本体は全く同じであるにも関わらず、初版が白い函で本体にグラシンが掛けられていたものが、重版では全く同一デザインの色違いの赤函で本体にビニールカバーのものがある。本体を保護しているグラシンや函などをはずしてしまう図書館では、この二つが同一に見えてしまう。こうした微妙な異装は外装ごと保存して初めて確認できる。図書館では不可能で、発行元でも重版のものすべてを保存しているかは不明だから、古書店の棚や店頭のワゴンで目につくとついつい買ってしまい、最終的には書架を圧迫することとなる。幸か不幸かサンプルとして収集する全集の端本は一冊一〇〇円程度である。いやいや本のためにも我が家の書架のためにも、安値は明らかに不幸である。

重版異装の問題はさておき、〈全集〉で函そのものが面白いのは、なんと言っても個人全集である。こちらも全冊統一のデザインが圧倒的に多いが、一巻一巻デザインが異なるものもある。かつて本誌（『日本古書通信』）で述べた、岡鹿之助スケッチ集とも言うべき『福永武彦全小説』（普及版）が代表格だが、川端康成の全集・選集もまたその好例である。戦後に刊行された一六巻版の全集（新潮社、一九四八年〜五四年）は、恩地孝四郎の美しい題字のカバージャケットがかかり、それを外すと各巻すべて異なる安田靫彦の絵が表紙を飾っている。これは新潮社に入社二年目の進藤純孝が「毎巻絵を変えるもんだ」と誤解した「怪我の功名」の結果であり、川端自身も「蛮勇のお蔭」と述べている（伊吹和子『川端康成　瞳の伝説』（PHP研究所、一九九七年）。これは表紙本体に安田の絵が描かれているので、カバーを外した図書館所蔵の形でも確認できるから、太宰風に言うと、中身より函が大事と思いたい、という本稿の趣旨からはやや逸脱する。川端は、その後同じ新潮社から、一〇巻本の選集（一九五六年）、一九巻本の全集（一九六八年〜七四年）を出しているが、前者は町春草、後者は松井如流の流麗な筆跡で、所収作品名が函に記されている。当然巻ごとにデザインが異なり、本を開く前から、函を手にした段階から楽しめるものである。選集の方は、函のみならず表紙にも書体に変化を持たせて作品名が記されているが、一九巻の全集の方は、函に掛けられたカバーにだけ松井如流の文字が書かれているから、箱を外してしまうと、全巻同一の何の変哲もない書籍となってしまう（朱色布装の装丁自体は洒落ているのであるが）。空白まで巧みに生かした松井の筆跡は優れた芸術作品であり、その一部は『松井如流作品集成』（講談社、一九八三年）に収録されたが、一九巻本の全集を函のまま保存すれば、松井の川端作品の揮毫のすべてを手許に置くことができるのである。この全集に関しては、外装の有無が随分印象を変えてしまう。

本年（二〇一四年）七月のこと、岡山県立美術館「巨匠の眼　川端康成と東山魁夷」展や、『文藝春秋』八月号に、川端が伊藤初代と交わした手紙一一通が紹介されるということで、二人の関係に改めて注目が集まった。このことを報じるNHKのニュースウオッチ9で、インタビューに答える森本穫川端康成学会常任理事の後ろには一九巻本の『伊豆の踊子』の巻と『雪国』の巻が置かれていたのである。伊藤初代への恋が『篝火』のみならず、『伊豆の踊子』や『雪国』など川端文学全体に影響を与えているという趣旨の発言であったから、背景にこれらを見せたのであろう。全集の平に松井如流の筆跡でこれら作品名が書かれている部分が面出しの形で置かれ、全集の残りは函の背を見せてずらりと並べて川端文学全体を示していた。没後の三二巻版の全集の方が川端文学を集大成したものであるから、映像としてはこちらを出すべきであろうが、これだと全巻同一装丁だから面白くないのである。一九巻版の全集の外函を生かしたなかなか粋なレイアウトであった。

最近の個人全集では巻冊ごとに函の意匠を変えたものも増えているようだ。それらの中で両横綱格が、間村俊一装丁の『新校本　宮沢賢治全集』(全一六巻別巻一冊、筑摩書房、一九九五年~二〇〇九年)と、大貫伸樹装丁の『徳田秋聲全集』(全四二巻別巻一冊、八木書店、一九九七年~二〇〇六年)であろう。図書館に必備の文献であるが、あの美しい函が捨てられるのかと思うとちょっと残念だ。そう思っていたら、金沢市の徳田秋聲記念館では、受付のすぐ右手の休憩ホールの書棚に『徳田秋聲全集』全冊の函が並べてあった。

福永武彦
廢市・告別
塔・草の花
福永武彦
塔・草の花

徳田秋聲全集
第一巻
八木書店
徳田秋聲全集
第一巻
徳田秋聲全集
第二巻
雲のゆくへ
八木書店
徳田秋聲全集
第二巻

手にとって自由に見ることができるから、函の背と平に描かれている土筆、椿、蜻蛉、蟹、蛙、柿、鯉のぼりなどの大貫伸樹によって描かれた美しい絵を堪能することができる。文学館ならではの実に粋なはからいである。

本の函へのあこがれは、販売時に備わっていたものから、それらを一括して保存するための外箱やケースにまで及んでいく。中には予約特典や購入特典の帙や外箱もある。こうなると病膏肓に入るという思いが自分でもする。

仕事がら、谷崎潤一郎訳の源氏物語は、旧訳、新訳、新々訳の三種一三バージョン（文庫は除く）を揃えているが、長い間どうしても手に入らなかったものがある。それは旧訳普及版の木箱である。谷崎源氏に少しでも詳しい方であれば、普及版の木箱？と首をかしげるであろう。そう、このシリーズは愛蔵版の谷崎の署名入りの木箱が圧倒的に有名だからだ。当時（一九三九年刊行開始）普及版全二六冊二六円が、本文料紙や表紙が異なるとはいえ限定愛蔵版が八〇円という高額となったのは、谷崎潤一郎自筆署名が記された桐箱が付いたからである。国会図書館でもこの桐箱を保存しており、書誌データにもそのことは記される。今日でもこの桐箱が付いていれば、通常の保存状態で五、六万円の古書価がつくものである。逆にこれだけの値段だから、古書目録を丹念に見ておけば年に数回は簡単にお目に掛かることができる。とは言っても、もちろん市販されたものに限定されるわ

け で、 かつて芦屋市谷崎潤一郎記念館で一見した「重子さまにまゐらす　昭和つちのとうしのとしの秋　潤一郎」と記された渡辺重子宛献呈署名入りの黒漆塗箱などは別格である。

愛蔵版の外箱に対して普及版の方は本来箱は付属していなかったのだが、月報によれば、普及版にも桐箱をという読者の要望に応えて実費八円で「並製桐箱」が作成された。もちろん谷崎の署名などは入らない。形態も、愛蔵版の桐箱が書籍を二列に入れる横広の形であるのに対して、並製桐箱は一列の縦長のものである。この普及版の追加頒布の桐箱が、一〇年以上八方手を尽くして探したが手に入らなかった。ところが過日別件でかわほり堂さんにメールをしたところ、ありますよと、いとも簡単に言われたのである。そのときの驚きは筆舌に尽くしがたい。お任せの値段も愛蔵版の四分の一ぐらいで再度驚かされた。餅は餅屋という平凡きわまりない言葉が数日間頭の中をぐるぐる回っていたものである。ただ月報や内容見本に載せられていた写真と比べると「潤一郎訳源氏物語」の題簽の位置が違うから、普及版の箱も複数の種類があるかもしれないと、外箱の探求はさらに続くのである。

こうした執着は外題学問以下の、外装学問、いやいや学問の名に値しないただの愛玩と、玩物喪志の代表のように言われるかもしれないが、今日もまた見たことのない外装の本があるとつい手を伸ばしてしまうのである。

初出一覧

第一部

一　川端康成本の装丁、そのほか
（『本の手帳』第二号　二〇〇七年二月）

二　小津本紳士録（一）
（『本の手帳』第四号　二〇〇七年一二月）

三　小津本紳士録（二）
（『本の手帳』第六号　二〇〇九年三月）

四　扉の前に誰かいる
―河出書房のカラー版『日本文学全集』のこと―
（『本の手帳』第八号　二〇一〇年三月）

五　誤解から視界が開ける
（『胡蝶掌本』二〇二　二〇一一年五月）
（原題は『名書旧籍（一）』）

六　フィッツジェラルドの文庫本
（『胡蝶掌本』二三一　二〇一二年一二月）
（原題は『名書旧籍（二）』）

第二部

一　全集・選集の黄金時代
（『日本古書通信』二〇〇八年二月号）

二　大島本『源氏物語』のことなど
（『日本古書通信』二〇〇八年三月号）

三　文学全集の月報から見えるもの
（『日本古書通信』二〇〇九年一二月号）

四　誤解から始まる読書
（『日本古書通信』二〇一〇年一二月号）

五　与謝野源氏の挿絵や装丁のこと
（『日本古書通信』二〇一二年八月号）

六　本の縁、人の縁
（『日本古書通信』二〇一三年九月号）
（原題は『名書旧蹟』）

七　古書目録に見る村上春樹の署名本
（『日本古書通信』二〇一四年六月号）

八　生誕百年立原道造展のことなど
（『日本古書通信』二〇一四年八月号）

九　菊地信義と神奈川近代文学館
（『日本古書通信』二〇一四年一〇月号）

一〇　「ハコモノ」賛歌
（『日本古書通信』二〇一五年二月号）

あとがき

本書は、『本の手帳』『胡蝶掌本』『日本古書通信』に既発表の書物に関するエッセイをまとめたものである。

第一部は『本の手帳』(本の手帳社)『胡蝶掌本』(胡蝶の会)に発表した比較的長文のもの、第二部は『日本古書通信』(日本古書通信社)に掲載した原稿用紙十枚程度の短い文章から成る。それぞれ発表順に配列した。具体的な発表年月や刊号数は初出一覧に記した。

一冊にまとめるに当たって、誤字誤脱などを訂正し、発行年月を西暦の形とするなど表記の統一を行うとともに、一部に補筆を行った。従って本書をもって定稿としたい。新しい情報など付け加えたいことも多かったが、最小限のものを追記として各項目の末尾に記すに留めた。書物の世界においても昨今の変化の早さは従前の比ではないから、追記は無限大に広がるのである。ディカプリオ版の『華麗なるギャツビー』の映画をカバージャケットに使った文庫本についても面白い現象はあるが、書き連ねていくと「あとがき」に書影を載せたくなって、発行元から叱られそうである。

「めいしょきゅうせき」という書名は早くから決めていた。「名所旧蹟」をもじったものであるが、旧稿では「名書旧籍」「名書旧蹟」と二通りの使い方をしていた。古い書物、懐かしの書物に関する文章と言うことで「名書旧籍」、署名や献辞の筆蹟も楽しむと言うことで「名書旧蹟」と。最終的には、作品の背景となった土地や文学館を訪れたり、その本を読んだ頃の古い記憶を尋ねるという意味も込めて、「名書旧蹟」という書名に落ち着いた。こうした書名は、「一書懸命」「蔵書一代」「四面書架」など、胡蝶の会刊行の書物や文章に接して、自分もいつかはこうした洒落た書名の本を持ちたいものと、長年温めていたものである。「名所旧蹟」と誤解されて、地理や旅行記として分類されるかもしれないが、それもまた一興であろう。益田勝実『火山列島の思想』という日本古代文学を論じた名著もあるのだから。

かつて「三倍泣けます」という惹句で知られた『母三人』という映画があった。それに倣えば、本書には三人の父がいる。本の手帳社の大貫伸樹氏、胡蝶の会の石橋一哉氏、日本古書通信社の樽見博氏である。大貫さんは最初にこの道に誘ってくれ、石橋さんからは書名のヒントを頂き、樽見さんは本書をまとめるように勧めてくれた。『本の手帳』『胡蝶掌本』『日本古書通信』の誌上を提供していただいたことはもちろん、このお三方がなければ本書の誕生はなかったのである。三倍の感謝の思いを込めて御礼を申し上げる。

母三人、三人の父と言ったが、幸いなことに、私には大正生まれの両親が健在である。

本書をまとめるに際しては母が遠祖と信じている海賊の話も取り上げたし、父からは立原道造も訪れた戦前の丸柏百貨店の話を聞くことができた。これまで専門書ばかり書いてきたので、「あとがき」くらいしか読むところがないと言われてきたが、今度は少しは楽しんで読んでもらえるだろうか。

専門書の時は、原稿を書き上げるまでが勝負で、あとは本屋さんにお任せであった。今回は全体の構成から、どんな写真を入れるか、どんな表紙にするか、本作りそのものの楽しさを十分に味わうこともできた。本書の計画の最初からいろいろと助言を頂き、書影の撮影までお願いし、書名は『小津安二郎君の手紙』に習って宋体活字を使いたいとか、原弘考案のアングルカラーの紙を使いたいとか、素人のとんでもない発想にも辛抱強くおつきあいいただいた日本古書通信社の樽見博氏に、最後にもう一度厚く御礼を申し上げる。

二〇一五年三月九日

田　坂　憲　二

著者略歴
田坂憲二（たさかけんじ）
昭和27年福岡県生まれ。九州大学大学院修了。慶應義塾大学文学部教授。専門は『源氏物語』を中心とした日本古代文学。博士（文学）。著書に『源氏物語享受史論考』（風間書房）『大学図書館の挑戦』『文学全集の黄金時代』（和泉書院）ほか。

名書旧蹟

二〇一五年三月三十一日　初版　第一刷
定価二、五〇〇円＋税

著　者　田　坂　憲　二
発行者　八　木　壮　一
印刷所　上毛印刷株式会社
製本所　株式会社　三水舎
発行所　㈱日本古書通信社
〒101-0052　東京都千代田区神田小川町三－八
駿河台八木ビル５Ｆ
電話　〇三（三二九二）〇五〇八

ISBN978-4-88914-051-4　C0095　Printed in Japan